大学生の友人関係における気遣いの研究

——向社会的・抑制的気遣いの規定因と影響——

満野史子著

風間書房

目　　次

第1章　現代青年の友人関係の特徴と諸問題 …………………………… 1
1.1　はじめに ……………………………………………………………… 1
1.2　心理学における友人関係研究の概観 …………………………… 3
1.2.1　現代日本の青年期における友人関係の特徴 ………………… 3
1.2.2　友人関係の発達 ………………………………………………… 7
1.2.3　友人関係の形成と維持 ………………………………………… 10
1.2.4　友人関係の個人差 ……………………………………………… 12
1.2.5　友人関係と文化 ………………………………………………… 17
1.2.6　友人関係と現代社会 …………………………………………… 20
1.3　友人関係における気遣いの検討 ………………………………… 21
1.3.1　気遣いの概念と本論文における定義 ………………………… 21
1.3.2　気遣いの測定 …………………………………………………… 25
1.3.3　友人関係における気遣いは問題傾向か、新しい「やさしさ」か …… 27
1.3.4　気遣いの規定因と影響 ………………………………………… 31
1.4　本論文の目的と意義、構成 ……………………………………… 34
1.4.1　本論文の目的と意義 …………………………………………… 34
1.4.2　本論文の構成 …………………………………………………… 35

第2章　大学生における友人関係の特徴とその動機づけおよび友人満足度との関連 …………………………………………… 39
2.1　本章の問題と目的 ………………………………………………… 39
2.2　方法 ………………………………………………………………… 43
2.3　結果 ………………………………………………………………… 45

2.3.1　友人関係尺度の因子分析 ・・・・・・・・・・・・・・・・・・・・・・・・・・・・・ 45
2.3.2　友人関係尺度の確認的因子分析 ・・・・・・・・・・・・・・・・・・・・・ 45
2.3.3　友人関係への動機づけ尺度の因子分析 ・・・・・・・・・・・・・・・・ 47
2.3.4　コミュニケーション内容尺度の因子分析 ・・・・・・・・・・・・・・ 48
2.3.5　友人満足度の信頼性 ・・・・・・・・・・・・・・・・・・・・・・・・・・・・・・・ 49
2.3.6　基礎統計 ・・・ 50
2.3.7　友人関係類型化のためのクラスター分析 ・・・・・・・・・・・・・・ 50
2.3.8　友人関係の動機づけ尺度による判別分析 ・・・・・・・・・・・・・・ 53
2.3.9　友人関係類型の3群とコミュニケーション内容および友人満足度との関連 ・・・ 54
2.3.10　友人関係への動機づけ、友人との付き合い方とコミュニケーション内容、友人満足度の関連 ・・・・・・・・・・・・・・・・・・・・・・・・ 55
2.4　考察 ・・ 56
2.4.1　友人関係の全体像 ・・・・・・・・・・・・・・・・・・・・・・・・・・・・・・・・・ 56
2.4.1.1　友人関係の各類型の特徴 ・・・・・・・・・・・・・・・・・・・・・ 58
2.4.2　友人関係への動機づけ、友人との付き合い方とコミュニケーション内容、友人満足度の関連 ・・・・・・・・・・・・・・・・・・・・・・ 60
2.4.3　気遣いの概念と測定の再検討 ・・・・・・・・・・・・・・・・・・・・・・・ 62
2.4.4　まとめと課題 ・・・・・・・・・・・・・・・・・・・・・・・・・・・・・・・・・・・・・ 62

第3章　友人への気遣いの規定因：気遣い尺度の作成と妥当性の検討 ・・・ 65

3.1　本章の問題と目的 ・・・・・・・・・・・・・・・・・・・・・・・・・・・・・・・・・・・・・・ 65
3.2　方法 ・・ 68
3.2.1　予備調査 ・・ 68
3.2.2　本調査 ・・ 69
3.3　結果 ・・ 72

3.3.1　友人への気遣い尺度の因子分析 …………………………… 72

　　3.3.2　友人への気遣い尺度の確認的因子分析 …………………… 72

　　3.3.3　友人を気遣う理由尺度の因子分析 ………………………… 74

　　3.3.4　個人主義と集団主義尺度の因子分析 ……………………… 76

　　3.3.5　青年期用多次元的共感性尺度の因子分析 ………………… 76

　　3.3.6　ENDCOREs 尺度の因子分析 ……………………………… 79

　　3.3.7　他の尺度の信頼性 …………………………………………… 79

　　3.3.8　基礎統計 ……………………………………………………… 80

　　3.3.9　気遣いの規定因の検討 ……………………………………… 82

　　　　3.3.9.1　文化的要因、傷つきやすさ、罪悪感と気遣いの関連 ………… 82

　　　　3.3.9.2　共感性、コミュニケーション・スキルと気遣いの関連 ……… 84

　3.4　考察 …………………………………………………………………… 84

　　3.4.1　気遣い尺度の信頼性と妥当性 ……………………………… 84

　　3.4.2　向社会的気遣いの規定因 …………………………………… 87

　　3.4.3　抑制的気遣いの規定因 ……………………………………… 88

　　3.4.4　まとめと課題 ………………………………………………… 90

第 4 章　友人への気遣いが友人関係、親友満足感、ストレス反応に与える影響 ……………………………………………… 93

　4.1　本章の問題と目的 …………………………………………………… 93

　4.2　方法 …………………………………………………………………… 96

　4.3　結果 …………………………………………………………………… 97

　　4.3.1　友人への気遣い尺度の確認的因子分析 …………………… 97

　　4.3.2　友人関係尺度の確認的因子分析 …………………………… 98

　　4.3.3　ストレス反応尺度の因子分析 ……………………………… 99

　　4.3.4　他の尺度の信頼性 …………………………………………… 101

　　4.3.5　基礎統計 ……………………………………………………… 101

4.3.6 気遣いと友人との付き合い方、親友満足感、ストレス反応との関連 … 102
4.4 考察 …………………………………………………………………… 102
4.4.1 気遣いが友人関係および適応状態に及ぼす効果 ……………… 102
4.4.2 気遣いが親友満足感に及ぼす効果 ……………………………… 104
4.4.3 気遣いがストレス反応に及ぼす効果 …………………………… 105
4.4.4 まとめと課題 ……………………………………………………… 106

第5章　気遣いとストレッサーおよび友人満足感との関連：友人関係の親密度に注目して …………………………………… 109

5.1 本章の問題と目的 …………………………………………………… 109
5.2 方法 …………………………………………………………………… 114
5.2.1 予備調査 …………………………………………………………… 114
5.2.2 本調査 ……………………………………………………………… 115
5.3 結果 …………………………………………………………………… 116
5.3.1 友人への気遣い尺度の確認的因子分析 ………………………… 116
5.3.2 対人ストレッサー尺度の因子分析 ……………………………… 117
5.3.3 友人関係の中間距離満足感尺度の主成分分析 ………………… 119
5.3.4 他の尺度の信頼性 ………………………………………………… 119
5.3.5 基礎統計 …………………………………………………………… 120
5.3.6 親密度の違いによる気遣い、対人ストレッサー、満足感の差 … 120
5.3.7 対人ストレッサーと気遣い、親友満足感、中間距離満足感の関連 … 121
5.4 考察 …………………………………………………………………… 123
5.4.1 親密度による気遣い、対人ストレッサー、満足感の違い …… 123
5.4.2 気遣いと親友満足感・中間距離満足感の関連 ………………… 125
5.4.3 対人ストレッサーと気遣いおよび満足感の関連 ……………… 126
5.4.4 まとめと課題 ……………………………………………………… 126

第 6 章　総括と展望 ……………………………………………… 129
　6.1　本章の目的 ……………………………………………………… 129
　6.2　現代大学生の友人関係の全体像 ……………………………… 129
　6.3　気遣い尺度の信頼性と妥当性 ………………………………… 132
　6.4　気遣いの規定因と影響 ………………………………………… 133
　6.5　本研究の意義 …………………………………………………… 136
　6.6　今後の課題 ……………………………………………………… 138

引用文献 …………………………………………………………………… 141
付録 ………………………………………………………………………… 151
謝辞 ………………………………………………………………………… 165

第1章　現代青年の友人関係の特徴と諸問題

1.1　はじめに

　青年期において、友人関係が人格の発達や学校での適応の上で重要なことは、これまで多くの研究で繰り返し述べられている（e.g., 榎本, 2003；岡田涼, 2008）。かつて、青年期は「疾風怒濤」と称されるような、対立感情が相互に出現することがその特徴として挙げられていた（落合・伊藤・齊藤, 2002）。精神医学領域においても、青年期後期には自殺、アパシー、破瓜型統合失調症などが見られやすくなり（笠原, 1976）、神経症や精神病にかかりやすくなることが指摘されていた。また、青年期は親から心理的に自立し、自我同一性の確立へと向かう時期にあたり、深い友人関係を持つことを通じて、新たな自己概念を獲得し、健全な成長が促進される時期（西平, 1990）とされ、青年期において、友人関係は特に重要な位置を占めると考えられてきた。

　一方、近年では、お互いを傷つけ合わないような、表面的に円滑な関係を志向する友人関係について数多くの研究が行われ（e.g., 藤井, 2001；後藤, 2008；岡田努, 2010；小塩, 2007）、深い付き合いを回避する傾向が、現代の一般青年の友人関係の特徴の1つとして存在すると考えられている。大平（1995）も、円滑な対人関係を保つために、あえて相手の気持ちに踏み込まず、葛藤をできるだけ避けることを「やさしさ」とする若者が増えていると指摘している。一歩踏み込まないことで、お互いに傷つけ合わずに上手くいっている対人関係の持ち方も存在するという見解である。同様に、現代の青年期における友人関係が、お互いに傷つかないように気を遣ったり、本音で話し合うことを回避するといった、表面的な関係を志向する特徴を有してい

ることも報告されている（岡田努, 2010）。さらに沢崎（2006）は、現代はインターネットなどの普及により、さまざまな意見を交換することが可能になった一方で、親密な人間関係を体験する機会が減少し、人間関係に伴う問題を抱える人が増えてきたことを指摘している。友人関係においても、内面的な交流が困難になっている可能性がある。

また、現代青年の対人関係におけるストレスの原因は、直接的な衝突によるものよりも、良好な関係を維持するためのコスト（友人に嫌われないための気遣いなど）や、それがうまくできない劣等感が中心となっていることが指摘されている（橋本, 1997a）。対人ストレスは、日常ストレッサーの中でも最も苦痛を感じるものであり、その悪影響は他のストレッサー（e.g., 過重労働、経済問題）よりも持続しやすいと報告されている（Bolger, DeLongis, Kessler, & Schilling, 1989）。また、対人領域のネガティブイベント（e.g., 会話に困った、気の合わない人（嫌いな人）と話しをした）が、抑うつと正の関連があることも示されている（高比良, 1998）。これらの知見は、対人ストレスが他のストレスを上回るインパクトを有することを示唆しているため（橋本, 2005a）、青年にとって大切な対人関係である友人関係は、強いストレス反応の原因ともなりうることが懸念される。友人関係に起因するストレスへの対応を考えるためには、その原因として挙げられている気遣いや劣等感について検討することが必要であろう。

他者への気遣いは、良好な関係を維持するためのコストとしてストレスの要因になる一方で、良好な関係を築くために実際に一定の適応的機能を果たしている可能性もある。従って、ストレスになると同時に友人関係維持にも役立つという気遣いの二面性に注目し、その上で友人との付き合い方などを理解することは、現代青年の対人的な問題の理解を促進させるだろうと期待される。

本章では、日本の青年期における友人関係について、これまでの研究を概観し、そこで気遣いという概念が心理学的にどのように位置づけられるか検

討する。また青年期の友人関係を考察する上で必要となる理論的な観点（e.g., 発達、文化、社会、進化、個人差、臨床）についても概観する。

　なお本論文では、青年期の中でも大学生に注目する。青年期の区分について岡田努（2010）は、青年期において学校生活が生活の時間の多くを占め、また学校間移行は青年期において心理学的変容を促すライフイベントとして重要な意味を持つため、学校段階によって青年期を分けることが妥当と述べている。そこで本論文でも、青年期前期を中学校段階、青年期中期を高校段階、青年期後期を大学段階と区分する。大学生はサークルやアルバイトなど、大学以外の目的集団や組織とかかわり、多様な人間関係を持つようになると予想される。多様な対象と対人関係を持つ中で、友人関係がどのように位置づけられているか考慮することは、大学生の友人関係の持ち方を理解する上で重要であると考えられる。

　また、本論文では友人関係の性差は扱わない。表面的な関係を志向するような現代的な友人関係に関する先行研究では、現代青年の全般的な傾向として検討されることが多く、性差は扱われていない（e.g., 松永・岩元, 2008；岡田, 1995, 2007）。橋本（2000）は、深化回避は男性で高得点、対人摩耗とKiSS-18（菊池, 1988）は女性で高得点という傾向差を見出したが、気遣いや内省傾向、対人ストレスイベント、全般的健康度などの他の変数では有意差がなかったことを報告し、性差が及ぼす影響は全体として小さいと指摘している。本論文でも、気遣いの概念を切り口に、大学生の友人関係の包括的な特徴を検討する。気遣いと友人関係に関する性差の検討は、今後の課題とする。

1.2　心理学における友人関係研究の概観

1.2.1　現代日本の青年期における友人関係の特徴

　青年期は、親から心理的に自立し、自己の形成に向かう時期であり（柴橋,

2004)、その過程では友人との深い人格的交流が大きな役割を果たすと考えられてきた（e.g., 西平，1990）。しかし先述のように、現代日本の青年期における友人関係では、お互いを傷つけ合わないように、表面的に円滑な関係を志向すること、すなわち「希薄な友人関係」がその特徴となっている。こうした「現代的」と称される青年の希薄な友人関係は、心理学上では1990年代に行われた研究で多く扱われている（e.g., 落合・佐藤，1996；大平，1995；岡田努，1993）。2000年代に入っても、なお注目されている（e.g., 後藤，2008；小塩，2007；白井，2006）。

　現代青年に特有とされる友人との付き合い方について、岡田努（2010）は、一連の研究をもとに、①群れて表面的に楽しい関係を維持する青年群、②対人関係を回避する青年群、③伝統的青年観に近似した青年群の３分類を見出している。群れ志向の青年群については、表面的な関係の中で適応できるが、他者からの評価に敏感で、安定した自尊感情を持ちえない等、自己愛との関連が示唆されている。対人関係を回避する群は、自尊感情が低く、全般に不適応傾向がみとめられている。伝統的青年観に近似した青年群は、疾風怒濤と言われるようなこれまでの青年像と類似する点も多くあるが、一方で相手を気遣ったり、不適応でも過剰適応でもなかったりという点で、中間的あるいは平均的な青年の集合体と位置づけられている。

　一方、中園・野島（2003）は友人関係に対する「無関心」に注目し、以下の５群を見出している。①無関心群については、友人に対して本音で接することができず、関係が深まるのを避け、友人からどう見られるのか気にならず、友人を傷つけることに対しても注意を払わないことが特徴としてあげられている。②独立群は、友人の評価を気にせず、また交友関係の広さを求めたり、場を楽しくしようとはしないが、関係の深まりは避けず、他者に関心を持った上で自己を確立している群とされている。③深化回避群は、友人との本音の付き合いを避け、友人からの評価を気にする一方で、楽しくしようとする傾向も強いことが特徴である。④本音群は、友人と深く関わったり本

音で接したりしており、お互いの関係を尊重する意識が高い群と考えられた。⑤自己中心群は、友人に対して自分を隠さず本音で関わるが、友人を傷つけることに注意を払わない傾向を示した。

　表面的な関係について、藤井（2001）は青年期の重要な友人との関係における心理的距離をめぐる葛藤から検討を行なっている。心理的距離をめぐる葛藤とは、青年が友人との心理的距離について「近づきたいけれども近づきすぎたくない」「離れていたいけれども離れすぎたくない」というような「適度さ」を模索して生じる葛藤である。藤井（2001）はこれを「山アラシ・ジレンマ」と捉え、青年期の山アラシ・ジレンマの抽出とそれに対する心理的反応の関係について、心理的距離の程度から検討している。その結果、近づくことや離れることに対するジレンマはそれぞれ2つずつ因子が抽出された。自分が傷ついたり寂しい思いをすることの回避に関する対自的要因によるジレンマと、相手を傷つけたり相手に寂しい思いをさせることの回避に関する対他的要因によるジレンマである。また、生じた山アラシ・ジレンマに対して、委縮、しがみつき、見切りという3つの心理的対処反応があることが明らかとなった。これらの心理的対処反応は、山アラシ・ジレンマから逃れるために、相手の動きをうかがったり、相手にしがみついて執着したり、かかわりそのものを避けて相手と隔たりをおくなど、安定した関係を模索する途上の不安定な状態であると考えられる。相手との心理的距離を遠く認知している青年ほど、対自的要因によるジレンマが生じやすく、しかもこの対自的ジレンマはいずれかの心理的対処反応に結びつきやすいことが明らかにされている。心理的対処反応を起こすことによって、さらに相手との心理的距離についての不安定さや遠さが認知されると推測される。このように藤井（2001）の研究から、浅く表面的なつきあい方をする青年の内面には、非常に複雑な葛藤が生じていることが示唆された。

　また、坂井（2006）は、「相手が泣いていたので、声をかけないでそっとしておく」といった、相手のためを思ってあえて援助を行動に移さないとい

う形の「思いやり」の示し方が、傷つけ合うことを避ける現代青年の対人関係の特徴と関連することを示唆している。「相手を傷つけないように配慮して、あえて行動しない」という気遣いは、遂行される向社会的行動とは異なり観察できないため、一見すると関係希薄に見える。満野（2009）によると、友人が何かに失敗し、落ちこんでいた時や友人が泣いていた時に、相手に共感しながらあえて思いやり行動をしなかった人は、場面による多少の違いは見られたが、1割程度存在することが確認されている。また、あえて相談に乗らないなど、思いやり行動を示さない傾向がある人は、その心理的背景として「人となかなか親しくなれない」といった親和不全が高いことが指摘されている（満野・三浦, 2010）。

　逆に思いやり行動を遂行する場合でも、人に援助する（関わる）過程で、心的エネルギーが過度に要求され、対人摩耗を感じるというストレスが見出されている（橋本, 1997）。岡田（1995）も友人とのつきあい方について「互いに傷つけないように気をつかう」などの気遣い因子を見出している。人に援助する過程で感じるストレスや、相手を傷つけないように配慮する青年群の存在が示唆されていることから、現代青年には対人関係を形成することに困難さを感じる群だけでなく、関係維持にストレスを感じる群も存在すると考えられる。相手との良好な関係を維持したいという気持ちから、対人関係への関心の高さがうかがえる一方で、現代青年の気遣いは、相手との関係を壊さないために行われていると考えられ、その背景には関係維持への不安があると推測される。

　このように、現代青年の友人関係の特徴としては、その希薄さに注目が集まりがちであるが、一方で中園・野島（2003）では本音で付き合う本音群も見出されている。すなわち、友人関係の希薄化や友人関係への無関心は現代青年全体に見られる特徴ではなく、従来通り、多くの青年が友人と深い関係を築こうとしていることには変わりがない。このように、現代青年は表面的な関係を志向している者だけではないため、現代青年の友人関係を研究する

際には、希薄な友人関係のみならず人格的な深い交流をも視野に入れる必要があると考えられる。

現代青年の一部に見られる希薄な友人関係は、心理的適応状態とも関連が深いと推測される。親密な友人関係は適応状態に良い影響をもたらすと考えられる。逆に、松永・岩元（2008）は深い関わりや群れることを避けている群の精神的健康度の低さを報告しており、希薄な人間関係はストレスを増大させ、心理的適応を低下させる可能性がある。

1.2.2 友人関係の発達

心理学では、対人関係性は年齢に応じて変化すると考えられている（高井,1999）。遠藤（1990）は、田中（1964）や Bigelow（1977）の研究を参考に、友人概念や友情概念の発達的変化の特徴について3点挙げている。①一時的で壊れやすい関係から持続的な関係への変化、②功利的・自己中心的な関係から、相互の要求を満足させる互恵的な関係への変化、③行動的・表面的な関係から、共感的・人格的・内面的な関係への変化である。

Havighurst（1972 児玉・飯塚訳 2004）は、中期児童期の発達課題として、同世代の者とうまくやっていくことの学習を挙げている。仲間との付き合いの中で協力すること、友達を作り、敵と折り合うことを学び、社会的人格を発達させることがこの時期の発達課題の本質である。この頃子どもは初めての人に接する時、その接し方として、シャイか大胆か、よそよそしく接するか親しくするかを学び、一度そうした社会的習慣を身につけると、生涯それを続ける傾向があるとしている。中期児童期の終わり頃には、子どもは仲間と一緒にいることに一層興味をもつようになる。最初は同性のみで集団を形成する。男子では「ギャング・エイジ」の時期であり、女子にもそれほど目立つものではないが類似の現象はある。青年期の発達課題としては、同世代の男女と新しい成熟した関係を結ぶことが挙げられている。女子を女性として、男子を男性としてみることを学び、大人の仲間入りをする。個人的な感

情を抑えて、共通の目的のために他者と一緒に仕事をすることを学ぶことが、この時期の発達課題の本質である。青年期における最も強い影響の一つは、仲間からの是認が持つ力であり、青年は自分の年齢集団の観衆に縛られるようになる。内面生活では、時には極端に個人主義的である。

　Sullivan（1953 中井・宮崎・高木・鑪 1990）は、児童期から青年期への移行の時期に、chumship（チャム）と呼ばれる同性・同年代の友人との親密で個別的な関係が見られることを指摘している。このチャム関係は、これまでの発達段階における障害を修復し、人格を訂正しうる機能をもつと考えられている。そうしたチャム関係が形成できなかった場合は、その後の対人関係や精神病理に深刻な影響を与えるとされている（阪本，1976；Sullivan，1953 中井他訳 1990）。

　また Coleman（1980）は、青年期において友人関係が重要であることを指摘している。その理由として、①青年期は青年自身の依存心が高まり、自分と似た境遇の人を求めるようになること、②親からの自立心や批判が生じ、依存心は高いが親には頼りたくないという状態が友人との接近をもたらすこと、③仲間集団に準拠することで、児童期から成人期への移行期としての青年期の適応方法を見つけることという3点を挙げている。

　このように、友人関係を持つことは、青年期の発達課題であり、それにより青年は安定化し、それなしにはその後の適応に問題が生じると考えられている。しかし、前節で述べたように、現代青年の友人関係は、従来の友人関係の発達理論が描くものとは違うものに変化していると考えられている。それでは、従来、指摘されてきた児童期・思春期の友人関係は、現代ではどうなっているのだろうか。

　國枝・古橋（2006）は小学2年、4年、6年生を対象に友人関係の発達の検討を行っている。児童期後期や青年期に特徴的に見られるとされるギャング・グループやチャム・グループについては、典型的なギャング・グループはほとんど見られず、チャム・グループについては全く見られなかったこと

が報告されている。友人関係の発達における男女差では、男子は学年が上がるにつれて連続的に友人との関係性が深まっていくのに対して、女子では2年生から4年生にかけて大きく友人との関係性が深まり、特定の友人との親密な付き合いが見られた。現代社会における児童期の子どもの友人関係は、これまで指摘されてきたような「グループを作る」や「リーダーがいる」といった特徴は少ないものであることが明らかになった。

児童期にチャム・グループやギャング・グループがないのであれば、その後の青年期の友人関係が、従来考えられていたものと違っていても不思議ではない。現代の友人関係の特徴である希薄化―それは、ギャングやチャムなどの発達課題を達成しなかったために生じた、問題のある友人関係なのかもしれない。一方で希薄化は、従来の発達過程とは異なる、新しい現代的な友人関係とも考えられる。希薄化をどのように捉えるべきかは、友人関係の発達心理学の重要な課題であろう。

このように、青年期の友人関係が変わったという可能性もあるが、青年期の期間自体が変わったという可能性もある。青年期の終結時期については、Blos（1962）は典型として20歳頃を境として挙げていた。しかし、青年期の終結時期は時代とともに遅れている傾向があると考えられている。山本（2010）は、文化的な背景で延長された、長引いた青年期について指摘している。今日のように大学進学率が上昇すると（49.9％；文部科学省，2013）、大学に行くことがかなり一般的になり、大学卒業後、就職するのは22歳頃になるだろう。その上、最近は高度な専門的知識や技能を必要とする職業が増え、大学院進学や海外留学などをしてさらに技能を伸ばしてから社会に出るという人も増加している（文部科学省，2014）。博士課程修了まで考えると、人によって異なるが、27歳くらいまで学生である人もいることになる。このように相当な年数を先延ばしにした結果、高度な社会に対応する自我が得られると山本（2010）は考えていた。笠原（1976）も、30歳頃を青年期の終わりとしている。この年代に、多くの青年期発症の精神病理が軽快・消失すること

がその理由となっている。難波（2004）も、就職や結婚状況から推測される現代の青年期の終わりを30歳頃としている。

このように、青年期が延長しているとすれば、青年期の友人関係も、従来の10代の青少年のものとはその様相が異なっていて当然であろう。従来は、成人期の特徴だったものが含まれてくる可能性もある。たとえば、自立した大人同士であれば、お互いの内面に深入りしないことはむしろ自然であろう。

1.2.3　友人関係の形成と維持

本節では、友人関係の形成と維持の理由・メカニズムについて述べる。

渡辺（2009）は、子どもの友人選択について述べたレビュー（Epstein, 1989; Hart, McGee, & Hernandez, 1993）から、幼児期の友人選択には近接性、年齢、類似性の3要素が影響を与えていることをまとめている。また発達段階に応じてこれらの重要性は変化すると考えられている。近接性とは物理的な距離をさし、類似性は子どもの諸特徴や興味の方向の相違についてのものである。年少児は居住地や年齢あるいは好きな遊びが同じといった表面的特徴を友人選択の基準とするが、年長になるにつれて性格や特性といった内面的特徴を基準に友人を選択するようになると考えられている。

こうした青年期以前の年少児にとって、友人は遊ぶための表面的なものであるのに対し、青年期の親友関係は、自己開示や、個人的な感情の共有が特徴とされている（遠藤, 2000）。

友人関係が形成される理由は多様であり、また年齢によって変化するが、友人関係については、その形成のみならず、友人関係の維持・発展あるいは解消も視野に入れて検討する必要がある。岡田涼（2008）は、友人関係をすでに形成されたものとしてではなく、個人が友人に働きかけ、相互作用を行うことで展開していくものとして捉えている。逆に言えば、友人ができても、友人付き合いをする中で新しい悩みが生じる可能性もある。

友人関係の発展のプロセスについて、Furman（1982）は①潜在的友人の選

択、②知り合いになる、③知り合いと友人になる、④友人関係の維持と深化、⑤別れを想定しており、日本でも楠見（1988）が「関係形成」「関係維持」「関係深化」を理論的に導き出している。水野（2004）も信頼できる友人との関係の形成について、「形成」と「深まり」の2段階があることを見出している。研究者によってその表現は異なるが、親密化過程は段階的に進行すると想定されていることは共通している。

この過程において、橋本（2005b）は、「親密性を進展させる要因」と「親密性を維持させる要因」は同じとは限らないことを指摘しており、対人関係の崩壊には「維持要因の欠如」が関与すると考えられる。現代青年の対人関係上の困難さを捉えた研究も、その多くは対人ストレスへの対処行動など、「関係維持」についての研究である。現代青年の友人関係において、親密性を維持させる要因として気遣いが行われており、それが青年にとって大きなコストとなっている可能性がある。

友人関係の形成・維持・発展または解消について検討する際には、対人関係に関する一般的な理論を援用することも有効であろう。その代表的な理論として、社会的交換理論（Homans, 1974）がある。田中（2009）によれば、社会的交換理論では「人は自分の行動によって得られる報酬と、逆に自分の行動によってかかるコストのバランスをとりながら行動を選択しており、報酬を最大に、コストを最小にするように行動を決定する」と仮定する。この理論の代表的モデルとして、相互依存理論（Kelley & Thibaut, 1978）がある。相互依存理論では対人関係を相互の社会的交換過程として捉えているため、報酬とコストによって関係の形成・維持が理解される。青年期における友人関係は、自己開示による内面の共有が特徴とされていることから、自己開示を例に挙げる。自身の悩みを友人に話す時、友人から共感や理解が得られた場合は安心感や親密さを感じるため、それが報酬となるだろう。しかし、自己開示した悩みを友人が周囲に暴露することや、悩みを友人に分かってもらえなかった時の不安はコストになると考えられる。友人と楽しく遊んだり、手

助けをしてもらったり、理解し合えることは報酬であり、親密な関係を促進し、維持することにつながっていると予想される。しかし、友人とメールやSNSでやり取りする労力や、自己開示したら嫌われるのではないか、断られるのではないかという不安、自分の欠点や悩みを自己開示することへの抵抗、友人であり続けるために、遠慮したり、本心を我慢したりと気を遣うことは、コストになっているだろう。

友人がいることによる報酬は欲しいが、拒否不安が高かったり、気遣いを負担に思う人は、友人関係の発展に消極的になると考えられる。杉浦(2000)によると、親和動機には拒否不安と親和傾向とがある。拒否不安は「拒否されたくない」という気持ちであり、親和傾向は他者からの拒否に対する恐れや不安なしに人と一緒にいたいと考える傾向である。拒否不安と親和傾向は正の相関を示すにもかかわらず、拒否不安は対人的疎外感と正の関連を、親和傾向は負の関連を示す結果が得られた。この結果は、友人関係による不安や「友達と対立しないように注意している」といった気苦労が大きい人は、親密な友人関係を形成できていない可能性を示唆している。

友人関係の希薄化や友人関係への消極性の原因を考える際には、相互依存理論の枠組みに準拠すれば、コストとしての不安や気遣いを考慮することが重要と考えられる。本論文では、友人関係におけるコストとして気遣いに注目する。

1.2.4　友人関係の個人差

友人関係には発達差があることに加えて、個人差もあると考えられる。友人関係の持ち方には、どのような個人差があるのだろうか。

個人差について概観する前に、その前提として、青年期に限らず、人が友人を持つことには、進化的な起源があり、それゆえ普遍性があることを述べる。

Seyfarth & Cheney (2012) は、集団生活を送る多くの哺乳類において、人

類の友情の進化的起源を見ることができると述べている。馬や象、チンパンジーにおいて、進化は、女性間であれ、男性間であれ、男女間であれ、親密で持続的な社会的絆を形成する動機づけを選好してきた。自然淘汰は、親族間の絆にとどまらず、長期的に持続する絆そのものを形成するように動機づけられた個人を選好してきたと考えられる。人類においても、友情は性別を問わず適応的であるが、その内容は男女で異なる。男性間では、同盟することで競争力が増大し、支配的順位が上昇し、繁殖上の成功も増大する。女性間では、社会的絆が強く持続的な人は、ストレスが小さく、乳児の生存率が高く、寿命も長くなる。

Baumeister & Leary (1995) も、所属の欲求が進化的基礎を持つことを示唆している。社会的絆を形成し維持する欲求は、個人の生存と繁殖に有益であり、対人的愛着は、人類の基本的欲求であると考えられている。

さらに協力や利他的行動についても、進化的基礎が指摘されている。長谷川・長谷川 (2000) は、生物の個体と個体の関係はつねに競争的で攻撃的なものではなく、個体同士の親愛と協力関係も見られることを指摘している。実際に動物たちは自然界で様々な協力行動や利他的行動を示している。血縁者間での利他行動については、血縁が近いほど血縁者に対する利他行動は進化しやすく、また個体が払うコストが小さいほど、利他行動は進化しやすいと考えられている。

一方、友人のような、他者である非血縁者に対する利他行動はどのようにして進化できるのだろうか。動物が血縁関係にない個体に対して利他的にふるまう利他行動の進化の1つのシナリオが、互恵的利他行動 (Trivers, 1971) と呼ばれるものである。互恵的利他行動とは、ある個体が他個体に対して、利他行動をとるときには一定の適応度上の損失を被るが、その個体が利他行動をしてあげた個体から将来同じような恩恵を受ければ損失が解消でき、そのような社会交渉が繰り返されれば、長期的には両者ともに適応度が上昇するというものである。利他行動が特定の個体間で時間をおいてやり取りされ

るので「互恵的」と呼ばれる。お返しが期待できる利他行動、もちつもたれつの貸し借り関係とも考えられる。相互扶助とは異なり、互恵的利他行動の場合は、行動の主体はそのときは損失を被り、その損失が将来のある時点で埋め合わせされる。

このように互恵的利他行動のシナリオは、友人への協力が進化する有力な理由と考えられる。友人への協力にも進化的な基礎があるとすれば、友人に対する援助的・向社会的な行動も、人類に普遍的な傾向であると推測される。

上述のように、友人を求め、友人に協力することには進化的な起源があり、人類に普遍的な傾向であると考えられる。現代日本においても、親友を求める傾向は確かに存在するだろう。その一方で、本論文でも指摘したように(1.2.1参照)、現代青年の友人関係には、希薄で表面的な交流や友人関係への無関心さという特徴がある。進化的な起源があるにもかかわらず、友人関係に消極的である人は、どのような属性をもつ人なのだろうか。

第1に、青年期の友人関係は、乳幼児期の愛着関係と関係が深いと考えられる。Bowlby (1969 黒田実郎・大羽・岡田・黒田聖一訳 1991；1973 黒田・岡田・吉田訳 1995；1980 黒田・横浜・吉田訳 1991) の愛着理論によれば、内的作業モデルとは「他者は自分の求めに応じてくれる存在か、自分は他者から受け入れられ援助される存在であるかという他者と自己の有効性に関する心的表象」と定義づけられている。各個人は、この内的作業モデルをもとに対人的出来事の認知や解釈、未来の予測、行動の計画をするとされている。青年期の友人関係と内的作業モデルの関係としては以下の知見がある。丹波 (2002) は、愛着不安が低く、愛着回避の高い愛着軽視型は、友人に対する気遣いが少なかったこと、さらに、愛着不安の高い人は、友人に対するふれあい回避が高く、親密性が低いという結果を報告している。また、Shomaker & Furman (2009) は、母親との相互作用が否定的であった青年は、課題場面において友人との葛藤も多いことを報告している。以上のように、乳幼児期の愛着関係における何らかの問題は、青年期における友人関係の形成と

維持に否定的な影響が与えることが示されている。

　第2に、親密な友人関係を志向する個人差は、友人関係に対する動機づけと関連がある。岡田涼（2008）は、「様々なスキルを用いて積極的に友人と関わる際の起点となる要因」として動機づけを挙げ、自己決定理論（Self-Determination Theory; Ryan & Deci, 2000）の枠組みから、その分類を試みている。自己決定理論は学習等の達成領域や対人関係などに対し"理由"という観点から概念化を行っている動機づけ理論の1つである。その結果、友人関係の理由・動機づけとして「外的（他者からのはたらきかけで付き合う）」「取り入れ（自己価値維持や不安から付き合う）」「同一化（個人的に重要だから付き合う）」「内発（楽しいから付き合う）」の4因子が見出された（岡田涼, 2008）。なお、Blais, Sabourin, Boucher, & Vallerand（1990）は、カップルの共同生活に対する動機づけについて調査し、同一化や内発などの自己決定的な動機づけが、適応的な行動を介して主観的幸福感をもたらすことを示している。この結果は、友人関係に対する動機づけが内発や同一化である場合に、親密な友人関係が志向されることを示唆するものと考えられる。

　第3に、どういった友人関係を持ちたいと考えているのか、すなわち友人関係に関する目標自体が、人によって異なる可能性がある。加藤（2006）は、落合・佐藤（1996）と同様に、付き合い方が深い―浅い、広い―狭いの2次元を仮定し、その組み合わせから、友人関係における目標を、深く広い付き合い方、深く狭い付き合い方、浅く広い付き合い方、浅く狭い付き合い方の4類型に分類した。深い―浅い次元が社会的スキルと関連しており、浅い友人関係に動機づけられるほど、社会的スキルが低いと仮定されている。さらに加藤（2006）は、友人関係目標が対人ストレスコーピングを規定すると仮定している。対人ストレスコーピングには、①ポジティブ関係コーピング（ストレスフルな人間関係を維持あるいは改善しようと、積極的に努力するようなコーピング方略）、②ネガティブ関係コーピング（対人ストレッサーを喚起させた関係を放棄・崩壊するコーピング方略）、③解決先送りコーピング（ストレスフルな

関係を問題視することなく、時間が解決するのを待つようなコーピング方略）の3種類が挙げられている。これらの、友人関係に起因するストレス状況へのコーピングが、友人関係に関する目標と精神的健康にどのように関わっているのかを検証した結果、ポジティブ関係コーピングは精神的健康と正の相関を示し、深い友人関係または広い付き合い方を望む者は、その使用頻度が高かった。ネガティブ関係コーピングは、いずれの友人関係目標においても、精神的健康と負の関連を示した。解決先送りコーピングは、浅く広い友人関係を望む者において、精神的健康との間に正の相関を示した。対象者がどのような友人関係を形成したいのか、すなわち友人関係の目標によって、対人ストレスコーピングと精神的健康との関係性が異なることが明らかとなり、対人ストレス過程において、友人関係目標が果たす役割の重要性が示された（加藤，2006）。さらに、加藤（2007）は、ストレス反応に及ぼす対人ストレスコーピングの影響が、友人関係の進展度によって異なるかどうか検討している。その結果、関係が進展した最も親しい友人関係では、ポジティブ関係コーピングを用いるほど、ストレス反応が増加することが示された。その理由として、ポジティブ関係コーピングの下位概念に、相手に対する気遣いがあり、そうした気遣いがストレス反応として現れていることをあげている。

　これらの知見に基づき、加藤（2006，2008）は、現代青年の特徴とされる希薄な友人関係を望む者は、解決先送りコーピングの使用により、精神的に健康な状態を維持していることを示唆している。加藤（2006）の友人関係目標の分類は、浅く広い友人関係を志向する人がいることを仮定している。解決先送りコーピングはストレスフルな問題に積極的に関与しないことによって、お互いに傷つき合うことを回避する方略である。希薄な関係を目標とする者において、解決先送りコーピングと精神的健康との間に正の関連性が見られたことは注目される。

　以上のように、現代青年の幅広い友人関係の持ち方の背後には、何らかの個人差が関係していると推測される。進化的な起源を持つことから、人々は

一般に友人関係を形成し、維持・発展させるように動機づけられると期待される一方で、これらの個人差は友人関係を希薄化させる方向で作用する。幼少期の愛着関係に問題がある青年は、友人関係に消極的になることもある。友人関係に積極的であっても、「外的」「取り入れ」といった外的な動機づけから友人付き合いをしている場合には、関係維持への不安が高く、親密な関係には至りにくいと考えられる。親友関係を目指すポジティブ関係コーピングでさえ、気を遣うことによるストレス反応を生じさせる。

本論文では、友人関係の質の直接的規定因として、友人関係への動機づけ（岡田涼, 2008）に注目する。また、ストレス反応をもたらし、友人関係への動機づけを低下させる要因ともなり得るという理由から、友人への気遣いに焦点を当てる。

1.2.5 友人関係と文化

社会的行動や対人関係は、文化的要因によってさまざまな影響を受けることが知られている（e.g., Markus & Kitayama, 1991; Triandis, 1995）。青年にとって重要な対人関係である友人関係も、その例外ではないと考えられる。

文化的背景を説明する概念として、集団主義と個人主義がある（Triandis, 1995）。このうち、日本と関係が深いのは集団主義的な傾向である。集団主義と個人主義はどちらも、ある期間ある地域で人々に共有された信念、態度、規範、役割、価値によって特徴づけられる文化的徴候の型である。集団主義は、相互依存的で、集団の目標が個人よりも優先され、たとえ不利益を被っても関係性が重視される傾向をさしている。対して個人主義は独立的で、個人の目標が優先され、関係性を維持していくことが有益か不利益かの合理的な判断を重視する傾向のことである。集団主義は周囲との調和を重んじるので、周囲とのトラブルを回避するため、本音を抑えた気遣い行動を促進する要因になりうると考えられる。

この文化差は、友人関係にどのような影響を及ぼしているだろうか。Triandis（1990）は、集団主義社会では、少数の人と持続的で親密な友人関係を求め、個人主義社会では、それほど親密でない多くの友人関係を求めることを指摘している。また Triandis, Bontempo, Villareal, Asai, & Lucca（1988）は、個人主義文化の人々は、新しい集団に入り、そしてその集団を去るスキルをより多く持っていると述べている。彼らは簡単に友人になるが、その友人の意味は、親密ではない知り合いのことである。一方、集団主義文化の人々は、新しい友人を作るスキルは低いが、彼らにとっての友人とは生涯続く親密な、多くの義務を伴う関係を意味している。

このように個人主義の人は、広く浅い友人関係を持ち、他方で集団主義の人は、少数の親友を作ろうとすると考えられる。グローバリゼーションによって日本でも個人主義化が進行しているとすれば、友人関係が広く浅く、希薄化する可能性もあるだろう。ただ、個人主義者は相互の独立を強く意識しているので、個人主義化による友人関係の希薄化は、いわゆる「群れ」とは異なると考えられる。集団主義者は、外集団には、個人主義的に対応することが指摘されている（Triandis, et al., 1988）。従って、学校やクラスを内集団と思えなければ、学校の人やクラスの人には個人主義的に対応することもありうるだろう。この場合、相手を身内ではなく、よそ者として対応するため、表面的な関係になると考えられる。

また、Bagwell & Schmidt（2011）によれば、集団の中で個人が得るものは文化によって異なる。集団主義的な社会では、社会集団内でのコンピテンス（自律的適応力）が促進される。一方、個人主義的な社会では、個人のスキルと達成が促進される。集団主義社会では、友人関係における自律的適応力が促進されるが、それには、関係維持のために自分を抑える内容が含まれるだろう。さらに集団主義社会では、葛藤解決に妥協を用いる傾向があることが指摘されている。Haar & Krahe（1999）は、葛藤の解決に際して、個人主義圏であるドイツの青年は対決を用いるが、集団主義圏のインドネシアの青年は、対決・従順・妥協を同程度用いることを報告している。

社交性とシャイネスを、文化と関連させて論じた研究もある。Asendorpf (1990, 1991) は、社交性は社会的場面における高い接近動機と低い回避動機に由来するとしている。社交性は、友達との相互作用に積極的に関わることによって示される。一方、シャイネス―抑制は、内的な接近―回避葛藤の結果であり、挑戦的な状況で用心深く抑制的な行動として表出される。シャイネス―抑制とは、用心深い、警戒した、過敏な行動として表出されるものであり、ストレスフルで社会―評価的な場面での、内的な不安と自信の欠如を反映していると考えられている。典型的な西洋文化圏の研究者は、シャイネス―抑制的行動を示す子どもを社会的に能力がなく、未熟であると考えてきた。これらの子どもは、学校では友達に受け入れられず、適応できず、抑うつ的になることがある。しかし、このシャイネス―抑制的行動の優勢・劣勢と機能的意義は文化によって違いがあると考えられる。北米ではシャイな子ども、特に男児は適応に困難が生じやすい。一方、中国ではシャイな子どもも友人から受容され、社会的にも学業的にも達成の水準は高いことが報告されている。シャイな子どもが指導的地位についたり、賞をもらうことも珍しくない。シャイな子どもは肯定的自己認知も高く、抑うつ傾向を示さない。またインドネシアや韓国では、シャイネスは逸脱や問題行動ではないと考えられている（Asendorpf, 1990）。

　すなわち、シャイで友人関係に消極的であることを問題視するのは西洋的価値観に基づくものであり、集団主義的価値観に基づけば、希薄な友人関係を問題視する必要がない場合もあると考えられる。集団主義的な価値観から見ても、問題視するべき希薄な人間関係はあるのだろうか。孤立は確かに問題性が高いであろうが、群れはむしろ普通であると考えられる。

　これらの研究から、集団主義的である日本では、少数の親友を持とうとするが、一方で、相手が親友でなければ、シャイで抑制的に接し、葛藤を避けると予想される。気遣いを社会的コンピテンスと位置づければ、日本では、親友との関係を深めるための気遣いを身に着けると同時に、それほど親しく

ない関係の人との葛藤を避けるための気遣いの形成も促進されるだろう。

1.2.6　友人関係と現代社会

　現代の青年の友人関係を考える際に見逃すことができないのは、コミュニケーション手段における大きな変化である。辻・三上（2001）の調査によると、大学生の携帯電話所持率は9割を超えており、大学生にとって携帯電話は日常生活に不可欠なものになっていることがうかがえる。携帯電話については、携帯メールの普及によって若者の対人関係が希薄化したという指摘（大平，1995）や、逆に選択的対人関係が強化されたといった指摘（赤坂・坂元，2008）がされている。

　大平（1995）は、現代青年に特徴的なパーソナリティとして、相手の気持ちに立ち入らない「やさしさ」に注目したが、このような「やさしさ」をもった者が関係を作っていくのに便利な道具として、ポケットベルを挙げている。非対面的なツールは、必要な相手と必要な時だけやり取りすることを可能にするため、表面的な関係を志向する者にとっては望ましいと考えられる。このように、携帯電話などの非対面でのコミュニケーションツールは、対人関係をより希薄にしていると一般的には見られがちである。

　しかし赤坂・坂元（2008）は、会うことが容易な近距離友人の場合でも、携帯メールを通じて、問題解決のためのアドバイスや情報を送ってもらうこと、自分の悩みや愚痴を伝え、励ましてもらうことが、関係満足度に正の影響を与えていることを見出した。この知見は、新しいコミュニケーションツールが必ずしも関係の希薄化をもたらすわけではないことを示唆している。古谷・坂田（2006）は、対面、携帯電話、携帯メールを用いたコミュニケーションが対人関係に及ぼす影響について有効な示唆を得るためには、携帯電話や携帯メールの機能的特徴だけでなく、そこでやりとりされるコミュニケーションの質に焦点を当てることと、携帯電話や携帯メールと対面コミュニケーションとの比較を行うことの重要性を指摘している。

本論文では、携帯電話、携帯メール、対面に加えて、SNS (social networking service; e.g., mixi や twitter) についても調査を行う。SNS は、不特定多数の人と非対面的なコミュニケーションが出来る最新のコミュニケーションツールであり、近年利用者が増えている。コミュニケーションの質・内容としては、「事務連絡」「悩み相談」「楽しい話」に着目する。親しい関係ならば、ツールを問わず、「悩み相談」「楽しい話」の情緒的交流をよくしているだろう。関係が希薄ならば、対面での情緒的交流を避けていることが考えられるため、ネット上でのやり取りが多くなるだろう。関係に無関心ならば、コミュニケーションを全般的にとらないが、事務的な連絡であれば行なっていることが予測される。

本論文では、現代青年の友人関係を包括的に捉えることが取り組むべき最初の課題となる。友人間のやり取りに新しいコミュニケーションツールが果たす役割が増大しているとすれば、研究の枠組みに、新しいコミュニケーション形態とそこでやり取りされている内容を加えることは不可欠と言える。

1.3 友人関係における気遣いの検討

1.3.1 気遣いの概念と本論文における定義

現代青年の友人関係の特徴を記述する際に、気遣いという言葉が繰り返し登場してきた。岡田努（1995）が作成した、現代青年に特徴的な付き合い方を測定するための尺度には、友人関係の気遣い因子が含まれていた。橋本（1997a）は、良好な関係を維持するためのコストの例として、友人に嫌われないための気遣いを挙げている。また加藤（2007）は、ポジティブ関係コーピングの下位概念に、相手に対する気遣いを仮定している。このように、お互いを傷つけ合わないように、表面的に円滑な関係を志向するためには、相手に気を遣い、自分の言動にも気を遣う必要がある。

現代青年の友人関係においては、「気を遣う」という心理や行動が非常に

重要な役割を果たしていると考えられる。本節では、友人関係における気遣いの概念を検討し、その定義を試みる。

気遣いの意味について、広辞苑第6版（新村，2008）には「あれこれと心をつかうこと。心づかい。また、気がかり。心配。」と記されている。類義語として、心遣いには「①心を油断なく働かせること。警戒。用心。②人のためを思っていろいろ気をつかうこと。配慮。」とある。新和英大辞典第5版（渡邉・Skrzypczak・Snowden, 2003）では、「1 気を遣うこと・心遣い Concern; consideration; care; thoughtfulness; solicitude. 2 心配・懸念 Fear; anxiety; worry; concern; uneasiness.」と2つの意味に分けられている。すなわち、気遣いの意味には配慮と心配の2側面がある。

第1に、友人関係における気遣いには、友人関係の形成と維持に関する配慮が含まれる。人は、所属の欲求や利他行動を進化させてきた（長谷川・長谷川，2000）。従って、友人関係を形成し維持するために有効な配慮をするように人は動機づけられると考えられる。具体的には、相手への思いやりや、友人関係を強化するための援助や協力が、この側面には含まれるだろう。

第2に、友人関係における気遣いには、友人関係の形成と維持に関する心配が含まれる。自分の感情や意見を率直に表明すること、すなわち本音を言うことは、相手を傷つけたり、自身が嫌われたり、関係が悪化するのではないかという懸念を生じさせる。このような関係悪化に対する懸念を回避するために、人は、本心を隠し、遠慮するように動機づけられることがあると考えられる。

このように、友人関係における気遣いには2つの側面があり、その定義にも2つの内容が含まれている必要がある。本研究では、気遣いを「相手および相手との関係のために行われる向社会的行動、あるいは自己防衛および関係維持のために本心を隠す抑制的行動」と定義する。

この定義を本論文のテーマである大学生の友人関係に当てはめて考えてみると、「相手および相手との関係のために行われる向社会的行動」としては、

友人が困っている時に手助けをすることや、親交を深めるために相手を自宅でもてなすことなどの行動が含まれると考えられる。また、「自己防衛および関係維持のために本心を隠す抑制的行動」としては、友人に対して本音があるが、言うとトラブルになり自分も傷つくので、あえて言わないといった行動が該当すると考えられる。

このように気遣いは2因子から成ると仮定され、それぞれの因子は、現代青年の友人関係の諸側面と独自の関係を持つと期待される。相手を思いやって助けようとする向社会的気遣い傾向が強いほど、親密な関係が形成されると考えられる。一方、本音を隠す抑制的気遣い傾向が強いほど、関係は希薄になるだろう。どちらの気遣いも低ければ無関心群になると予測される。

定義の後半の懸念や防衛の側面は、これまでの青年期の友人関係研究で見出された気遣い因子の内容に対応すると考えられる (e.g., 橋本, 1997a；岡田努, 1995)。一方、定義の前半の、他者に対する思いやりという側面は、向社会的行動として研究されてきた。

向社会的行動は、「他人との気持ちのつながりを強めたり、それをより望ましいものにしようとする場合にとられる行動 (菊池, 1998)」や、「援助行動や分与行動、他人を慰める行動といった他人の利益となるようなことを意図してなされる自発的な行動 (Eisenberg, 1995)」として定義され、対人関係を促進する要因として捉えられている (菊池, 1998)。日本における思いやりの研究は、1960年代の米国を中心として盛んになった向社会的行動の研究が基礎になっているものが多い。そのため、思いやりは向社会的行動、愛他行動とほぼ同じ意味として考えられており、同じ定義が用いられることが多いとされている (坂井, 2006)。菊池 (1988) も向社会的行動をする頻度を測定する尺度として、「向社会的行動尺度」を作成しているが、後にこれを「思いやり行動尺度」とも呼んでいる (菊池, 1998)。多くの向社会的行動は、具体的な報酬の期待、社会的承認、あるいは自分自身のマイナスの内的状態 (たとえば、助けを必要としている他者を見ることによって生じる罪障感や心痛、共

感的苦痛）を少なくしたいという願望などの要因によって動機づけられるとされている（Eisenberg, 1995）。なお、向社会的行動には「愛他行動」も含まれている。これは、他者への同情や内面化された道徳的原則に従おうとする願望によって動機づけられた向社会的行動である（Eisenberg, 1995）。

向社会的行動には「①自分から進んで②相手のためになる行動をし、③客観的に言えばある損失がともなっており、④そして相手からのお礼を目的としていない（菊池, 1998）」ことが条件として求められるが、これまでの向社会的行動に関する全ての研究が、これらの条件を用いているわけではない。菊池（1984）も、この4つの条件全てを厳しく求めることは、向社会的な発達を考える場合には、適切なやり方ではなく、それぞれの場合に応じて柔軟に適用した方が良いと述べている。

このような向社会的行動は、青年期の友人関係における思いやり行動を包含するものと考えられるが、向社会的行動の定義に即して言えば、友情を強めたり、友人関係をより望ましいものにしようとして、青年が具体的にどのような行動を取ろうとするかについては、あらためて整理する必要がある。

本論文における気遣いの定義には、思いやり行動と抑制的行動という2側面があるが、坂井（2006）が提唱した「行動に表れない思いやり」という概念は、気遣いの2側面が同時に関与している場合とも考えられる。例えば、泣いている人を見て、なぐさめるために声をかけるのではなく、「ひとりにさせてそっとしておいてあげよう」といった振る舞いが、この「行動に表れない思いやり」に該当する。多くの場合、向社会的行動は行動として表出されるので測定が可能である。しかし、例に挙げたような振る舞いは、相手を思いやってはいるが、「なぐさめる」という行動としては表出されていないため、従来の思いやり行動研究においては測定がされてこなかった。こうした「行動に表れない思いやり」は、日本の文化においては多く見られるものと推察される。さらに相手を傷つけないように過度に気にする傾向にある現代青年の対人関係においては、行動として表出されなくてもそれを「思いや

り」であると感じることがあり、またそのような「思いやり」は円滑な対人関係を志向するためには必要なものであると坂井（2006）は主張している。これは、前述した「悩んでいたら、そっとしておいてあげるのがやさしさ」という白井（2006）の指摘とも符合する。

　これまでの友人関係研究において、友人に対する気遣いは、多くの場合、お互いに傷つけ合わないように相手の心に踏み込まないという抑制的な内容として検討がされてきた。しかし、本心を隠しそっとしておくといった抑制的な内容には、思いやりの側面も含まれるため、このような「行動に表れない思いやり」を考察する際には、抑制と思いやりの両方を視野に入れた本論文の気遣いの定義が有効になると期待される。

1.3.2　気遣いの測定

　本論文では、気遣いを向社会的および抑制的という2側面を持つ概念として定義したが、気遣いをこの2因子で測定する尺度は存在していない。それぞれの因子について、関連する既存の尺度はあるが、後述するように、青年期の友人関係における気遣いを測定するものとしては不十分な点がある。

　気遣いの向社会的側面については、一般的な向社会的行動や思いやり尺度であれば、多くの既存の尺度が存在する (e.g., 菊池, 1988；内田・北山, 2001)。しかし、青年期の友人関係における気遣いという視点から、向社会的行動を直接測定できる尺度は存在しない。

　一方、気遣いの抑制的側面は、友人関係尺度（岡田努, 1995）の気遣い因子と関連があると考えられる。友人関係の気遣い因子の質問項目には「互いに傷つかないように気をつかう」といった防衛的な内容が含まれている。しかし、もうひとつの代表的な項目である「相手の考えていることに気をつかう」という項目は、友人が自分を嫌いにならないか自己防衛的に気を遣っているようにも、また、友人が悩んでいないか、相手の希望は何か、相手を思いやって気遣っているようにも解釈が出来る。後者は、親密な友人関係上で

も起こりうる気の遣い方であろう。このように、気遣う友人関係の背景には、自己防衛あるいは思いやりという2種類の気遣いの志向性がありうる。また、友人関係尺度は友人との関係を測定するものであり、その気遣い因子は気遣いそのものを測定しているものではない。友人関係尺度の気遣い因子は、関係悪化を回避する友人関係を測定したものである。従って、関係悪化回避の友人関係の背景にある、気遣いの志向性の個人差そのものを測定する尺度を作成する必要があると考えられる。

　このように、本論文で「相手および相手との関係のために行われる向社会的行動、あるいは自己防衛および関係維持のために本心を隠す抑制的行動」と定義された内容を測定する気遣い尺度は見当たらない。従って本論文では、本論文で定義した気遣いを測定するための尺度の作成を行う。気遣いを測定するにあたり、本論文では気遣いを行動レベルで尋ねることで、気遣いの向社会的・抑制的という2側面の志向性を測定する。気遣いを行動レベルで尋ねるのは、気遣い行動の変容によって友人関係の持ち方を変えられる可能性がないか、すなわち、向社会的気遣いの増大により親密な関係がもたらされ、また抑制的気遣いの減少により希薄な関係が解消することがあるのかを検討したいためである。なお、この因果関係については、抑制的気遣いが、希薄な関係をもたらし、希薄な関係の中で抑制的気遣いが強化され、さらに持続するという因果の連鎖があり得る。本論文では、友人関係を変容させることを念頭に置いているので、因果関係の連鎖の出発点を、気遣いから始めるという立場を取る。

　なお、先行研究との連続性を重視する観点から、まず友人関係尺度の気遣い因子（岡田努, 1995）を用いて調査を実施し、気遣う友人関係と他の変数との関連を分析する中で、気遣いを2因子として概念化する必要性や、気遣いの2因子尺度の内容を検討していく。

1.3.3 友人関係における気遣いは問題傾向か、新しい「やさしさ」か

先述のように、現代日本の青年期における友人関係では、お互いを傷つけ合わないように、表面的に円滑な関係を志向することが特徴となっている。このような「気遣い」は、臨床心理学的な問題傾向と関連づけることも、新しい「やさしさ」の形と捉えることも可能である。傷つけ合わないように気を遣う友人関係が、適応の上で問題になることがあるとすれば、それはどういう場合だろうか。

第1に、傷つけ合うことを恐れる気持ちとして、まず念頭に浮かぶのが対人恐怖症である。対人恐怖症は、日本などにおける文化特異的な不安障害であり、社会的状況で他者に不快感を与えることに対する非常に強い持続的な恐怖、また自身の視線や赤面が他人を不快にさせるのではないかという強い不安の形をとる（American Psychiatric Association, 2000 高橋・大野・染谷訳 2002）。しかし、青年期においては、他者の目を気にしたり、人前で過度に緊張するなどの対人恐怖的心性は広くみとめられると言われている（永井, 1994）。青年期に見られる対人恐怖的心性は、相互協調的な日本における文化的特質と、青年期における親からの心理的自立や、自己意識や他者意識の高まりなどの発達的特質の2点と深く関連すると考えられている（伊藤・村瀬・吉住・村上, 2008；谷, 1997）。一方、学生相談などの心理臨床の場で見出された病態の1つであった「ふれ合い恐怖症」では、山田・安東・宮川・奥田（1987）によれば、対人恐怖症に見られる赤面恐怖や視線恐怖などの身体的主題の訴えがなく、顔見知りからより親密な関係に発展する場面（ふれ合い場面）での困難が中心となる。岡田努（1993, 2002）は「対人恐怖的心性」との比較を行い、「ふれ合い恐怖心性」が臨床的なケアを必要としない一般の大学生青年でも見られる心理的傾向であることを示した。「ふれ合い恐怖心性」については、他者の目に映った自分の姿に関心が低く、自分自身の内面的不安もあまり感知していないなどの特徴が示されている。さらに、ふれ合い恐怖心性の青年は、自己愛のうち他者無視傾向との関連が見出されてい

る（福井，2007）。岡田努（2002）は、従来の「対人恐怖心性」を持つ青年は、対人関係の維持に気を遣いながら、その関係に困難を感じており、「ふれ合い恐怖心性」を持つ青年は、友人関係そのものから退却し、相手との親密な関わりを避ける傾向があることを示唆した。いずれも希薄な対人関係と関連が深いが、対人恐怖心性は関係希薄群と、ふれ合い恐怖心性は他者からの視線や自己内部の不安をあまり気にしないことから、無関心群とそれぞれ関連すると推測される。なお、岡田努（2008）が指摘するように、友人関係のあり方と対人恐怖、ふれ合い恐怖との関連には、必ずしも一貫した結果は得られていない。概念間の異同の理論的整理も含め、さらなる検討が必要であろう。

　第2に、傷つくのを避けるために友人関係が希薄化しているとすれば、適応的とは言い難い。福森・小川（2006）は、不快な情動をあらかじめ回避しようとする傾向を不快情動回避心性と呼び、現代の青年に特徴的とされる友人関係に対してどのような影響を及ぼすのかについて検討を行っている。不快情動回避心性は、自己開示に伴う自己の傷つきの予測を媒介として、表面的な友人関係へと繋がるという因果モデルが想定されている。調査の結果、不快情動回避心性から、群れと気遣いの友人関係にそれぞれ直接的な正の影響が示された。また、不快情動回避心性は、傷つき予測を媒介し、ふれあい回避に正の影響を及ぼしていた。不快情動回避心性と傷つきの予測は、希薄な関係と関連があることが示されたが、無関心群は評価懸念が低いため、不快情動回避との関連は低いか、ないことが予想される。ただし、防衛的な気持ちから無関心を装っている場合については、不快情動回避心性とは正の関連を示すと考えられる。

　第3に、気を遣うことはストレスと関連がある。橋本（1997a, 1997b, 2000）は、現代の青年の対人関係上のストレスの原因を3種類あげている：①社会の規範から逸脱した顕在的な対人衝突である「対人葛藤」、②社会的スキルの欠如などにより劣等感が触発される「対人劣等」、③対人関係を円

滑に進めることによって、気疲れを引き起こす「対人摩耗」。現代青年は特に対人摩耗の経験頻度が高い（橋本，2005a）。橋本（1997b）が行った女子学生への面接調査においても、直接的な衝突によるものよりも、良好な関係を維持するための気遣い（コスト）や、それがうまくできない劣等感が対人ストレスの中心となっていることが示唆された。その一方で、関係を深化させたいという意思も少なからずあり、理性的に対人関係維持のコストを自覚しつつも、情緒的に集団からの孤立を恐れているというジレンマを抱えていることが明らかにされている。本音での付き合いを志向する群では、対人葛藤が対人ストレスの中心となると考えられる。また、関係希薄群では、対人劣等が高いと推測される。お互い傷つかないように気を遣う群では、対人摩耗が中心となるだろう。無関心群では、いずれの対人ストレスも低い傾向にあると予想される。

　第4に、傷つくことを恐れる付き合いは、未熟さの現れである可能性がある。落合・佐藤（1996）は、中学生では自己防衛的で同調的なかかわり方が多かったが、大学生になると、自己開示し、積極的に相互理解しようとする付き合い方が増えることを実証的に明らかにしている。ここでの自己防衛的な付き合い方とは、「友達とは、互いに傷つくような本音での話はしないようにしている」など、友人との間に心理的な距離をおこうとするものであり、自分にまだ自信がもてず、ちょっとした批判や刺激に過敏に反応してしまう頃に見られる付き合い方であると考えられている。自己防衛的な付き合い方においては、青年は互いに傷つかないように気遣っており、関係の希薄化がうかがえる。他方、岡田努（1995）は、現代青年に特徴的な付き合い方を測定するための尺度を作成し、その中で気遣い因子を抽出した。気遣い因子は、「相手の考えていることに気をつかう」「互いに傷つけないよう気をつかう」といった、防衛的な意味合いがうかがえる内容となっている。こうした気遣う友人関係は、現代大学生に広く見られる傾向であるが、その理由が他者の心情への配慮ではなく、中学生に見られるような、自信のなさに由来するも

のだとすれば、未熟さの現れと言わざるを得ない。

　これらの知見では、同じ大学生の中に、積極的に相互理解しようとする傾向と、互いに傷つかないように、防衛的に距離をとろうとする傾向が併存していることがうかがえる。傾向の異なる2つの群があるという理解が自然であろうが、現代大学生の特徴として、場面に応じて友人関係を使い分けることも指摘されている（辻，2006）。すなわち、場面に応じて付き合い方を変え、親密な関係または表面的な関係を、青年自身が選択的に志向している可能性がある。

　一方、傷つけ合わないための気遣いを、「やさしさ」と捉える立場もある。白井（2006）は、大学生とその親を対象に「現代青年の人間関係の希薄化」をテーマとした質問紙調査を行い、親世代と現代大学生では、友人に対する思いやりや「やさしさ」の中身に違いがあることを指摘している。親世代は、「友人が悩んでいたら、その悩みを聞きだし、かかわることがやさしさである」と回答している。一方、学生からは、「これはやさしいことではなく、おせっかいであり、悩んでいたら、そっとしておいてあげるのがやさしさである」という回答が得られた。これらの結果について白井（2006）は、親世代は相手の将来を第1に考えて主体的にかかわろうとしているが、学生は相手から自分がどう思われるかを気にして、自分が傷つくことを避けているように見えると述べている。こうした現代的な気遣いの原因として、学生と親が共通して挙げたのは①自信や自己受容の欠如、②社会的スキル、特に自己主張スキルの未獲得、③面倒なことを避け、楽をしようとする姿勢の表れの3点であった。さらに、学生からは「浅い人間関係が広がり、心理的距離を一定に保つような人間関係の工夫が必要になった」、「携帯電話や電子メールの普及に伴い、交友関係が広がったため、希薄化したように見える」という意見があった。なお、この「そっとしておくやさしさ」「人間関係を円滑にするための気遣い」については、心理的距離を一定に保つような人間関係の工夫としては、親世代からも肯定的な意見が寄せられていた。このように、

友人に対する思いやりの考え方は、世代によって違いはあるものの、人間関係を円滑にするため、抑制的な気遣いもある程度は求められるという見解は、世代間で共通している。坂井（2006）も、他者を思いやった結果「なにもしない」という思いやり行動が存在する可能性を指摘している。

現代青年の友人関係の特徴である、対人葛藤を避け表面的な関係を志向することが、最終的に臨床心理学的な問題傾向と捉えられるのか、それとも新しい形の「やさしさ」として友人関係の中で何らかの適応をもたらすのかはまだ分かっていない。本論文ではこれらの点を、不適応指標としてストレス反応、適応指標として友人関係満足度を測定して、検討していく。

1.3.4 気遣いの規定因と影響

気遣いには他者への思いやりと自己防衛という異なる概念が包含されていることと、行動としては抑制されている思いやり行動もあり得ることを踏まえ、本論文では気遣い行動とその行動の動機となる気遣う理由を区別して、両者の関係を検討する。

内田・北山（2001）は、従来の思いやり研究が扱ってきた思いやり行動について、それらの研究が扱う思いやり行動は、そのような行動の準備状態としての思いやり的心理状態とは理論的に区別されるべきであると述べている。本論文でも相手を気遣う理由を、気遣い行動を起こす準備状態としての心理状態と捉えることとする。

以上に基づき、気遣いには向社会的・抑制的という2種類があること、また気遣う理由については、相手を思いやった利他的な理由と自己防衛的な理由があることを仮定する。利他的な理由と向社会的気遣い、自己防衛的な理由と抑制的気遣いがそれぞれ対応するだろうと予測される。

さらに、気遣い行動の先行要因である気遣う理由の規定因の検討を行う。規定因は、利他的理由と防衛的理由では異なるだろう。

防衛的理由は、関係維持のための罪悪感（大西，2008；本音があっても関係

維持のために相手に遠慮してしまうような罪悪感）や、個人的苦痛（登張，2003；他者の苦痛に対して、不安や苦痛等、他者に向かわない自己中心の感情的反応をする傾向）、対人的傷つきやすさ（鈴木・小塩，2002；他者からのネガティブな評価を受けた際の落ち込みやすさ）との正の関連が予測される。

　一方、利他的理由については、共感的関心（登張，2003；他者の不運な感情体験に対し、自分も同じような気持ちになる、他者志向の温かい気持ち）との正の関連が予測される。また社会的スキルも思いやり行動の意図に影響する要因のひとつとして考えられているため（菊池，1998）、本論文ではコミュニケーション・スキル（藤本・大坊，2007）に注目し、利他的理由との関連を検討する。

　さらに、思いやりについて、菊池（1984）は「思いやり」と「向社会的」が果たして同じ内容を持つ概念か疑問を呈しており、向社会的に行動する動機についても、社会による違いがあるはずであると述べている。この指摘は、思いやりを研究する際には文化的要因を考慮する必要があることを示唆する。日本と関連する文化的な要因としては、集団主義的な傾向が挙げられる。Triandis (1995) によれば、集団主義とは、相互依存的で、集団の目標が個人よりも優先され、たとえ不利益を被っても関係性が重視される傾向をさしている。集団主義は周囲との調和を重んじるので、周囲とのトラブルを回避するため、本音を抑えた気遣い行動を促進する要因になりうると考えられる。

　以上の規定因から、相手を思いやった結果としての気遣いと、本音を抑制した気遣いがそれぞれ生じると考えられるが、気遣いをこのように区別した研究はこれまで見られないため、これらの気遣いの効果・影響については系統的に検討する必要がある。

　第1に、向社会的気遣いと抑制的気遣いの規定因は異なるだろう。パーソナリティ要因（e.g., 共感性）やコミュニケーションスキルが、向社会的気遣いを促進すると予測される。一方、パーソナリティ要因（e.g., 罪悪感、傷つきやすさ）や文化的要因（集団主義）、対人ストレッサー（対人摩耗）が、抑制的

気遣いを促進すると予測される。

　第2に、これらの気遣いと友人関係には対応が見られるだろう。相手を思いやる向社会的気遣いは、相手との親密さを促進するだろう。本音を隠す抑制的気遣いは、希薄な友人関係と正の関連が予想される。友人関係に無関心な群は、いずれの気遣いも行なわないと考えられる。

　第3に、これらの気遣いは青年の適応と関連があるだろう。相手を思いやった結果の気遣いは友人関係満足度を高めると予測される。一方、抑制的気遣いでは、言いたいことがあるのにあえて言わないなど、我慢が必要となり、ストレス反応が高まることが予測される。ただし、抑制的気遣いにより相手との関係が維持できたり、自身が傷つかずに済んだ場合は、友人関係満足度を高める可能性もあるだろう。

　第4に、気遣いとその影響は、親密度の程度によって異なると予想される。向社会的気遣いは親友に対してよく行われ、抑制的気遣いは、普段関わりはあるがそれほど親しくないような普通の友人に対してよく行われているだろう。友人関係満足度も、普通の友人より親友で高いと推測される。しかし、親友に対して感じる満足感と、普通の友人に対して感じる満足感の内容は同じだろうか。距離をとる友人関係（e.g., 加藤, 2006；中園・野島, 2003；岡田努, 1995）が求められているとすれば、うまく距離がとれたことによる友人満足感もあるのではないか。本論文では、友人関係満足度の内容として、距離をとる友人関係の満足感についても検討を行う。向社会的気遣いは親友に対する満足感を高めると考えられるが、抑制的気遣いは距離が上手くとれた友人

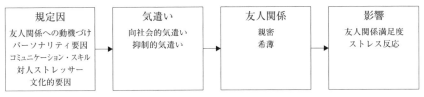

Figure 1-1　気遣いの規定因と影響のモデル図

満足感を高めると推測される。

1.4 本論文の目的と意義、構成

1.4.1 本論文の目的と意義

　本論文の目的は、現代青年の気遣いを捉え直すことである。そのため、次の4点を小目的として挙げる。

　第1に、先行研究との連続性を重視する観点から、現代青年の友人関係の特徴を検討する。現代青年の友人関係の特徴として、希薄化が挙げられているが、それはどれくらい一般的な現象だろうか。また友人関係には進化的起源もあるので、親密な友人関係も少なからず見られるはずである。本論文では、親友関係から、希薄な友人関係、友人への無関心までを含む友人関係を包括的に捉え、その特徴を明らかにすることを目的とする。その際、記述統計量にも注目し、友人関係の希薄化がどの程度進行しているのかについても検討する。また、友人関係の持ち方と満足感の関係を調べる。その際、親友関係における満足度と、希薄な関係における満足度では、その内容が異なる可能性もあるので、両者の違いについても合わせて検討する。

　第2に、友人関係における気遣い尺度を作成する。本論文では、字義的および理論的検討から、友人関係における気遣いを定義した（1.3.1参照）。そこで仮定された向社会的気遣いと抑制的気遣いの2因子を測定する尺度は存在しないので、本論文で作成する。友人関係における気遣い尺度を作成し、その信頼性と妥当性を検討することが本論文の第2の目的である。

　第3に、友人関係における気遣いの規定因を検討し、第4に、友人関係における気遣いの影響を検討することが本論文の目的である。前節で示した仮説群を検証することにより、青年期の友人関係における気遣いの促進因・抑制因や、気遣いの機能・悪影響が明らかになると期待される。

　本研究の意義として、次の2点があげられる。

第1に、現代青年の友人関係を包括的に捉え、その背景にある気遣いの個人差を検討することは、意義があると考えられる。従来の友人関係研究では、希薄化に焦点を当て、その付き合い方や適応に着目したものはあるが（e.g., 落合・佐藤, 1996；岡田努, 2010）、希薄な関係だけなく親友なども含めた友人関係全体を捉えた上で、その規定因や特徴を明らかにする研究はあまり行われていない（e.g., 中園・野島, 2003）。従って、友人関係について包括的に検討することは、今後の青年期の友人関係研究の発展に寄与するものと期待される。

　第2に、青年期の友人関係の質を高めるために役立つ知見が得られる可能性がある。本論文では、気遣いには2側面（向社会的・抑制的）があり、それぞれ友人関係を促進することにも抑制することにもなりうると想定している。向社会的気遣いは、それが過度でない限りは、友人関係の深化を促進すると予測される。向社会的気遣いの欠如は、友人関係の停滞、消滅をもたらすだろう。一方、抑制的気遣いは、距離を置く関係の維持に役立つと同時に、ストレス反応などの不適応をもたらす懸念がある。すなわち、2種類に気遣いの欠如・過多によって、友人関係の質は左右されると考えられる。

1.4.2　本論文の構成

　本論文は、Figure 1-2 に示すように、6章から構成される。

　第1章では、現代青年の友人関係について文献研究を行い、本研究の目的について述べる。第2章から第5章では、調査研究を行う。

　第2章では、大学生を対象に、親密な関係や希薄な関係などを含め、友人関係を包括的に捉えた上で、それらの付き合い方を志向する動機づけについて検討を行う。また、友人関係尺度の気遣い因子について、得られた結果から考察を行ない、気遣い概念の精査の必要性を検討する。

　第3章では、友人に対する気遣いの内容について探索的研究を行い、気遣いを測定できる尺度を作成し、同時に規定因の検討も行う。

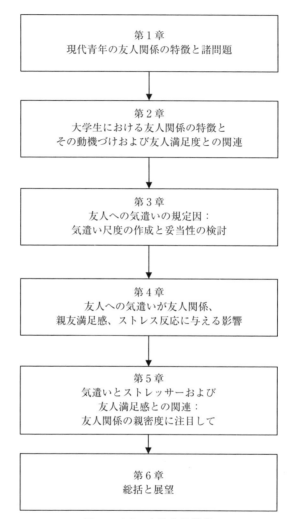

Figure 1-2　本論文の構成

第4章では、友人に対する気遣いが対人適応にどのような影響を及ぼしているのか、その関連を検討する。

　第5章では、作成した気遣い尺度を用いて、友人と親友に対する気遣いの差異について検討する。また、距離を置く友人関係における満足感を測定する尺度を作成する。

　第6章では、第1章から第5章までの検討をふまえて、本研究の総括を行ない、現代青年の友人関係における気遣いを捉え直す。

第 2 章　大学生における友人関係の特徴と
その動機づけおよび友人満足度との関連

2.1　本章の問題と目的

　本章では、本論文の第 1 の目的である、現代青年の友人関係の特徴の検討を主に行う。その際、希薄な友人関係だけではなく、親密な友人関係や、友人関係に無関心な人をも視野に入れ、大学生の友人関係の持ち方を包括的に類型化する。さらに、友人関係の持ち方の各類型において、友人関係への動機づけと対人満足度がどのように違うかを検討する。その際、友人関係の希薄化がどの程度見られるか、また希薄な友人関係においては、友人関係に関する動機づけと満足度がどのようになっているかが注目される。

　友人関係の類型には、まず岡田努（2010）の類型がある。この研究では、①群れて表面的に楽しい関係を維持する青年群、②対人関係を回避する青年群、③伝統的青年観に近似した青年群の 3 群が見出されている。他にも中園・野島（2003）は友人関係に対する「無関心」に注目し、以下の 5 群を見出している：①無関心群（本音で接しない、関係が深まるのを避けるなど）、②独立群（他者に関心を持った上で自己を確立しているなど）、③深化回避群（本音で接しないが、楽しくしようとするなど）、④本音群（本音で接し、相互尊重するなど）、⑤自己中心群（本音で接し、傷つけることに注意を払わないなど）。

　これらの先行研究では、表面的な関係を志向する付き合い方や、他者への

付記　本章の内容は、既発表論文のデータを再分析し、加筆・再構成したものである。
満野史子（2012）．女子大学生における対人関係の類型とその動機づけおよび対人満足感との関連　昭和女子大学大学院生活機構研究科紀要, 21, 57-68.

配慮欠如、人からどう見られているのか気になり関係深化が出来ないことといった、現代青年の諸特徴を捉えるために、青年の分類を試みている。これらをまとめると、「関係希薄な付き合い方」には、①群れて表面的な関係を志向すること、②対人関係を回避すること、③他者への配慮がないこと、④他者への関心がないこと、などの特徴が挙げられる。これらの希薄な対人関係の特徴を持つ群は、他者への関心が高いにもかかわらず、関係を形成・深化できずに困難さを感じている群と、他者への関心が低いために、特に何も困っていない群とに大別されるだろう。友人関係の希薄さと関連する心性としては、評価懸念やシャイネス、対人恐怖心性、ふれあい恐怖心性等が想定される（石田，1998；中園・野島，2003；岡田，1993，2002）。対人恐怖に関する心理的傾向は、一般の大学生にも広く見られるものであり（永井，1994）、上述の変数を扱った先行研究は一般の大学生を対象としている。従って、希薄な友人関係は、病理的なものというよりは、現代青年の付き合い方の一般的な特徴として、まず位置づけるべきだろう。なお、文字通り他者への関心がない人もいると考えられるが、関係が築けないことを「関心がない」と置き換えて防衛している可能性にも留意する必要がある。

　本研究では、友人関係の全体像を把握するために、岡田努（1995）の友人関係尺度に親密と孤立に関する項目を追加した尺度を用いる。それにより、希薄な付き合い方である、群れ、気遣い、ふれあい回避に加えて、親密な関係を志向する群や友人関係に無関心な群が抽出されるかどうかが注目される。本研究では、具体的には以下の5群を想定した：①群れて表面的に楽しい関係を志向する「群れ群」、②相手を傷つけないように気を遣っている「気遣い群」、③対人関係に関心はありながら親密な関係を回避している「ふれあい回避群」、④親密な付き合い方を志向している「親密群」、⑤対人関係に興味がない「無関心群」。岡田努（2010）では、現代青年に特徴的とされる付き合い方に注目しているため、親密群は想定されていない。

　友人との付き合い方の各群では、友人関係満足度はそれぞれどうなるだろ

うか。満足度は、親密群で最も高いだろう。無関心群は、友人関係に興味がないので、高くも低くもないと考えられる。気遣い群とふれあい回避群では、友人関係に困難さを感じているので、友人満足度は低くなると予測される。

本論文では、友人との付き合い方の個人差の原因として、友人関係への動機づけに着目した（1.2.4参照）。岡田涼（2008）は、友人関係への動機づけとして「外的（他者からのはたらきかけで付き合う）」「取り入れ（自己価値維持や不安から付き合う）」「同一化（個人的に重要だから付き合う）」「内発（楽しいから付き合う）」の4因子を見出している。これらの動機づけ4因子は、それぞれ特有の友人関係の持ち方を動機づけるだろう。同一化や内発などの自己決定的な動機づけは、適応的な行動を介して主観的幸福感を増大させることが知られている（Blais, Sabourin, Boucher, & Vallerand, 1990）。この知見から、友人関係に対する自己決定的な動機づけ（同一化、内発）が高いほど、親密性の高い関係が形成されることが予測される。一方、「外的」「取り入れ」の動機づけが高いほど、他者の心情や、他者からの評価に過敏になり、気を遣う関係が形成されることが予測される。友人関係への動機づけが全般に低いと、無関心群になると考えられる。ふれあい回避群と群れ群については、探索的に検討する。

また、友人関係の各類型によって、コミュニケーション内容がどのように違うかを検討する。友人関係の希薄さの一因として、コミュニケーションの取り方が指摘されている。一般的には、携帯電話などの非対面でのコミュニケーションツールは、対人関係をより希薄にしていると見られがちである。しかし、赤坂・坂元（2008）は、携帯電話の使用は密着的な友人関係を促進することを見出している。この知見は、ツールの違いだけでなく、そのツールを用いてどのような質のコミュニケーションが行われているかをも検討していく必要があることを示唆している。古谷・坂田（2006）は、対面、携帯電話、携帯メールを用いたコミュニケーションが対人関係に及ぼす影響について有効な示唆を得るためには、非対面ツールの機能的特徴だけでなく、そ

こでやりとりされるコミュニケーションの質に焦点を当てることと、非対面的および対面的コミュニケーションの比較を行うことの重要性を述べている。

　本研究では、携帯電話、携帯メール、対面に加えて、SNS（mixiやtwitter）についても調査を行う。SNSは、不特定多数の人と非対面的なコミュニケーションが出来る新しいツールであり、近年利用者が増えている。コミュニケーションの質・内容としては、「事務連絡」「悩み相談」「楽しい話」に着目する。大学生は活動範囲が広がるため、待ち合わせや予定の確認といった事務連絡を取り合う頻度が高くなることが予想される。一方、「悩み相談」は自己開示や情緒的サポートを含む相互的なやり取りである。関係の親密化や維持には自己開示が重要だとされており（大坊, 1998）、重要な自己開示の結果、意見交換や相談に発展することも少なくないと考えられる。「楽しい話」を取り上げたのは、会話という行為自体を楽しむコミュニケーションには親しさを確認しあう意味があるためである（古谷・坂田, 2006）。本研究では、これら4つのツールと3種類のコミュニケーションを組み合せて検討する。親しい関係ならば、ツールを問わず、「悩み相談」「楽しい話」の情緒的交流をよくしているだろう。関係が希薄ならば、対面での情緒的交流を避けていることが考えられるため、ネット上でのやり取りが多くなるだろう。無関心ならば、コミュニケーションを全般的にとらないことが予想される。

　なお、大学生になると活動範囲も広がるため、学内の友人関係だけでなく、学内外の多様な他者との関係も構築しているだろう（例：指導教員や、アルバイト先の上司、サークルの後輩など）。本研究では、友人関係満足度だけでなく、多様な他者との関係における満足度も尋ねる。他者との関係に積極的な親密群が、いずれの関係においても満足度が高いと推測されるが、気遣い群や無関心群では、友人以外の他者との関係に満足感を抱いている可能性もあると考えられる。

2.2　方法

調査対象者

都内にある共学大学2校の学生256名を調査対象とした。その256名のうち、欠損値のない226名（男性47名、女性178名、不明1名、$M=19.49$歳、$SD=0.99$）を分析対象とした。

調査時期

2010年12月。

手続き

授業時間の一部を利用して、調査を集団実施後、質問紙を回収した。質問紙には、回答は任意であり匿名性が保証されることを明記し、配布する前にも口頭で同様の教示を行った。

調査内容

（1）フェイスシート

学年、学科、年齢、性別、居住形態、アルバイトおよびサークル参加の有無を尋ねた。

（2）対人関係上の満足度

対人関係全体の満足度を1項目で尋ねた。さらに、13種類の対象人物（親、きょうだい、最も親しい友人、学内友人、学外友人、恋人、大学の先生、アルバイト先の上司や先輩・後輩、サークル等の先輩・後輩、ネット上だけの付き合いの人、その他）について、その人との関係の有無を尋ね、該当者がいる場合にそれぞれの対人関係上の満足度を尋ねた。対象人物は、嶋（1991）が一般的な大学生にとって重要であると思われるサポートネットワークとして定めていた以下の人物を参考にした：A.父親、B.母親、C.年上のきょうだい、D.年下のきょうだい、E.最も親しい同性の友人・親友、F.E以外の大学内の同性の友人、G.E以外の大学外の同性の友人、H.最も親しい異性の友人・恋人、

I．H以外の大学内の異性の友人、J．H以外の大学外の異性の友人、K．自分にとって最も重要な先生、L．その他自分にとって最も重要な他者。本研究では、大学生の幅広い対人関係を捉えるため、家族や友人以外にも、アルバイトやサークルでの交友関係も想定した。なお調査対象者の負担を考え、きょうだいの年齢差や友人の性差の検討は行わないことにした。該当する人数が対象人物によって異なるため、分析の際に、人数や自由度が異なる場合がある。評定はいずれも7件法（1：満足していない－7：とても満足している）であった。

（3）コミュニケーション内容

通話、メール、mixiやtwitterなどの不特定多数の人とのインターネット交流、直接的な対面での交流といったコミュニケーション形態ごとに、事務連絡、楽しい話、悩み相談などの内容をどの程度行っているのかを、7件法（1：全くあてはまらない－7：非常にあてはまる）で尋ねた。これらの項目は、筆者が独自に作成した。

（4）友人関係への動機づけ

岡田涼（2005）が作成した友人関係への動機づけ尺度を使用した。この尺度は自己決定理論（Ryan & Deci, 2000）の枠組みから、友人関係への動機づけを測定するものである。特定の友人ではなく、全般的な友人関係を想定しており、外的、取り入れ、同一化、内発という4つの下位尺度から成る（20項目）。5件法（1：あてはまる－5：あてはまらない）で回答を求めた。

（5）友人との付き合い方

友人関係尺度（岡田努，1995）は、現代青年に特有な友人関係の取り方を測定するもので、気遣い、群れ、ふれあい回避の3つの下位尺度から成る(17項目)。本研究では、大学生の友人関係を包括的に捉えるために、孤立と親密に関する項目を筆者が独自に作成し、岡田努（1995）が作成した友人関係尺度に追加して使用した。親密項目を作成するに当たり、青年期の友人の意義に関する宮下（1995）の記述を参考にした。すなわち、青年は自分の不

安や悩みを友人に打ち明けることによって情緒的な安定感・安心感を得ることができる。また、友人関係を通して自分の長所・短所に気づき内省することができる。他方、岡田（2010）は、青年期の親密な友人関係には、青年自身の安定化という側面と、自己認知におけるモデルないし比較対象を提供するという側面での機能が見られると述べている。これらを参考に、親密項目としては「悩み事は友人に相談する」「友人から影響を受けている」など4項目を作成した。孤立項目は、人との関わりがあまりないような内容を筆者と指導教員で検討し、「あまり人と話さない」「いつも一人でいる」などの4項目を独自に作成した。これらを追加した25項目について6件法（1：全くあてはまらない－6：非常によくあてはまる）で回答を求めた。

2.3 結果

2.3.1 友人関係尺度の因子分析

友人関係尺度25項目について、因子分析（最尤法、プロマックス回転）を行った（Table 2-1）。スクリープロットの結果から2因子を抽出した。岡田努（1995）の友人関係尺度では、気遣い因子、ふれ合い回避因子、群れ因子の3因子構造であったが、本研究では2因子となった。なお、共通性は回転前のものであり、回転前の説明率は45.84％であった。第Ⅰ因子は「悩み事は友人に相談する」「心を打ち明ける」など、親密な付き合い方がうかがえる内容が多かったため、親密因子と命名した（9項目，$\alpha = .86$）。第Ⅱ因子は「互いに傷つけないように気をつかう」「相手の考えていることに気をつかう」など、互いの関係が悪化することを避けるために気を遣っているような内容が多かったため、関係悪化回避因子と命名した（4項目，$\alpha = .79$）。

2.3.2 友人関係尺度の確認的因子分析

以降の章で友人関係尺度（25項目）を用いる場合には、親密と関係悪化回

Table 2-1 友人関係尺度の因子分析 (最尤法、プロマックス回転)

	I	II	共通性	平均値	標準偏差
第Ⅰ因子　親密 ($\alpha=.86$)					
25 悩みなど相談できる人がいない*†	.81	-.15	.62	4.64	1.42
19 悩み事は友人に相談する†	.71	.15	.64	4.26	1.46
4 心を打ち明ける	.70	.04	.52	4.09	1.34
11 あまり人と話さない*†	.68	-.11	.54	4.27	1.32
22 いつも一人でいる*†	.60	-.13	.51	4.71	1.29
17 真剣な議論をすることがある	.58	-.06	.36	4.30	1.25
12 みんなで一緒にいることが多い	.58	.07	.46	4.27	1.27
18 必要に応じて友人を頼りにする†	.51	.22	.45	5.00	.90
20 友人から影響を受けている†	.45	.27	.39	4.59	1.13
第Ⅱ因子　関係悪化回避 ($\alpha=.79$)					
14 互いに傷つけないように気をつかう	-.11	.85	.55	4.36	1.10
15 相手の考えていることに気をつかう	-.07	.77	.52	4.53	1.05
13 友達グループのメンバーからどう見られているか気になる	.01	.69	.47	4.04	1.48
10 楽しい雰囲気になるよう気をつかう	.08	.56	.37	4.63	1.01
因子間相関	I	II			
I	—	.30			
II		—			

*印は逆転項目。†は筆者による追加項目。

避の2因子を仮定して、確認的因子分析を行う予定である。交差妥当性を検討するための基礎として、本章でも同じデータについて確認的因子分析を行った (Table 2-2)。分析には Amos21 を用い、因子間の相関を仮定した。その結果、1項目のみ因子負荷が .40 を下回ったため除外したが、各項目の因子負荷は、想定された因子で大きくなっている。項目番号は Table 2-1 と同じである。適合度指標は $\chi^2(41) = 86.69 (p < .001)$, GFI = .95, AGFI = .90, CFI = .96, RMSEA = .07 であり、RMSEA はやや大きいが、許容範囲の適合度が得られたと判断した (なお、修正指標を参考に、誤差間に相関を12個仮定したが、これによる因子構造の変化はなかった)。探索的因子分析の結果と同じ2因子構造が確認されたため、これらの項目を用いて、下位尺度の合計得点をそれぞれ算出した。

第2章　大学生における友人関係の特徴とその動機づけおよび友人満足度との関連　47

Table 2-2　友人関係尺度の確認的因子分析

	I	II	平均値	標準偏差
第I因子　親密（α=.85）				
19　悩み事は友人に相談する†	.86		4.26	1.46
4　心を打ち明ける	.75		4.09	1.34
25　悩みなど相談できる人がいない*†	.70		4.64	1.42
17　真剣な議論をすることがある	.63		4.30	1.25
11　あまり人と話さない*†	.58		4.27	1.32
18　必要に応じて友人を頼りにする†	.58		5.00	.90
20　友人から影響を受けている†	.54		4.59	1.13
12　みんなで一緒にいることが多い	.51		4.27	1.27
第II因子　関係悪化回避（α=.79）				
14　互いに傷つけないように気をつかう		.84	4.36	1.10
15　相手の考えていることに気をつかう		.77	4.53	1.05
13　友達グループのメンバーからどう見られているか気になる		.63	4.04	1.48
10　楽しい雰囲気になるよう気をつかう		.61	4.63	1.01
因子間相関	I	II		
I	—	.25		
II		—		

*印は逆転項目。†は筆者による追加項目。

2.3.3　友人関係への動機づけ尺度の因子分析

　友人関係への動機づけ尺度20項目について、因子分析（最尤法、プロマックス回転）を行った（Table 2-3）。スクリープロットの結果から2因子を抽出した。岡田涼（2005）の友人関係への動機づけ尺度では、外的因子、取り入れ因子、同一化因子、内発因子の4因子構造であったが、本研究では2因子となった。なお、共通性は回転前のものであり、回転前の説明率は51.73％であった。第I因子は「人と話すのはおもしろいから」「友人と親しくなるのはうれしいことだから」など、内発的な動機づけがうかがえる内容が多かったため、内発因子と命名した（8項目，α=.93）。第II因子は「親しくしていないと友人ががっかりするから」「友人がいないのは恥ずかしいことだから」など、理由が外発的で自己価値維持や不安から付き合う内容が多かったため、外発因子と命名した（7項目，α=.76）。α係数は許容範囲以上であったため、

Table 2-3 友人関係への動機づけ尺度の因子分析（最尤法、プロマックス回転）

	I	II	共通性	平均値	標準偏差
第Ⅰ因子　内発（α=.93）					
1　友人と話すのは、おもしろいから	.88	-.08	.74	4.66	.62
5　友人と一緒にいると、楽しい時間が多いから	.88	-.16	.73	4.57	.68
6　友人関係は、自分にとって意味のあるものだから	.83	.02	.70	4.56	.72
9　友人と一緒にいるのは楽しいから	.83	-.21	.67	4.60	.71
13　友人と親しくなるのは、うれしいことだから	.82	-.04	.66	4.53	.72
10　友人といることで、幸せになれるから	.78	.09	.68	4.28	.86
2　友人と一緒に時間を過ごすのは、重要なことだから	.75	.21	.65	4.41	.85
14　友人のことをよく知るのは、価値のあることだから	.63	.17	.54	4.20	.91
第Ⅱ因子　外発（α=.76）					
8　親しくしていないと、友人ががっかりするから	-.14	.70	.50	2.06	1.10
11　友人がいないのは、恥ずかしいことだから	-.04	.66	.41	2.57	1.23
12　友人関係を作っておくように、まわりから言われるから	-.06	.57	.35	2.18	1.17
7　友人がいないと不安だから	.23	.53	.41	3.52	1.25
4　一緒にいないと、友人が怒るから	-.19	.51	.36	1.73	1.03
3　友人がいないと、後で困るから	.19	.46	.33	3.85	1.03
15　友人とは親しくしておくべきだから	.29	.44	.33	3.79	1.06
因子間相関		I	II		
	I	―	.17		
	II		―		

下位尺度の合計得点をそれぞれ算出した。

2.3.4　コミュニケーション内容尺度の因子分析

コミュニケーション内容について因子分析（最尤法、プロマックス回転）を行った（Table 2-4）。スクリープロットから、2因子を抽出した。なお、共通性は回転前のものであり、回転前の説明率は45.30%であった。第Ⅰ因子は「携帯メールで友人に相談する」「電話で楽しい話をする」「対面で悩み相談をする」など、情緒的なコミュニケーションをとっていることがうかがえる内容が多かったため、情緒交流因子と命名した（4項目，α=.80）。第Ⅱ

Table 2-4 コミュニケーション内容尺度の因子分析（最尤法、プロマックス回転）

	I	II	共通性	平均値	標準偏差
第I因子　情緒交流（α=.80）					
3 携帯電話（またはパソコンのskype等）の通話は、悩み事を聞いてもらいたい時に使う	.90	-.09	.58	4.28	1.95
2 携帯電話（またはパソコンのskype等）の通話は、楽しい話をしたい時に使う	.75	-.02	.51	4.78	1.77
12 人と対面しての会話は、悩み事を話すことが多い	.64	.10	.38	4.50	1.70
5 携帯電話（またはパソコン）のメールは、楽しい話をしたい時に使う	.52	.07	.29	5.30	1.59
第II因子　事務連絡（α=.57）					
4 携帯電話（またはパソコン）のメールは、情報を知りたい時や、事務連絡に使う	.01	.80	.26	6.06	.97
7 ネット（mixiやtwitter、ブログ等）は、情報を知りたい時や、事務連絡に使う	.05	.51	.18	5.65	1.60
1 携帯電話（またはパソコンのskype等）の通話は、情報を知りたい時や、事務連絡に使う	.01	.45	.17	5.39	1.41
因子間相関	I	II			
I	―	-.03			
II		―			

因子は「ネットで事務連絡」「携帯メールで事務連絡」など、事務的な連絡をするための項目がまとまったため、事務連絡因子と命名した（3項目，α=.57）。α係数は、情緒交流因子では十分な値を示したが、事務連絡因子では低かった。しかし、内容的にまとまりが見られるため、下位尺度の合計得点をそれぞれ算出した。

2.3.5　友人満足度の信頼性

友人関係の総合的満足度を検討するため、親友満足度、学内友人満足度、学外友人満足度の合計得点を友人満足度とすることにした。内的一貫性を検討するためにChronbachのα係数を算出したところ、α=.77という結果が得られた。α係数は許容範囲内であったため、友人満足度の合計得点を算出した。

Table 2-5 第2章基礎統計

変数名	度数	平均値	標準偏差	最小値	最大値
親密	226	35.42	7.11	8.00	48.00
関係悪化回避	226	17.57	3.67	4.00	24.00
内発	226	35.80	5.00	11.00	40.00
外発	226	19.70	5.05	7.00	35.00
情緒交流	226	18.87	5.53	4.00	28.00
事務連絡	226	17.11	2.98	6.00	21.00
全体的対人満足度	226	5.11	1.38	1.00	7.00
親満足度	226	5.50	1.53	1.00	7.00
きょうだい満足度	197	5.53	1.50	1.00	7.00
親友満足度	223	5.93	1.15	2.00	7.00
学内友人満足度	223	5.18	1.41	1.00	7.00
学外友人満足度	225	5.32	1.39	1.00	7.00
恋人満足度	96	4.88	1.71	1.00	7.00
教員満足度	223	4.21	1.40	1.00	7.00
バイト上司先輩満足度	170	4.96	1.48	1.00	7.00
バイト後輩満足度	123	4.87	1.52	1.00	7.00
サークル先輩満足度	131	5.23	1.40	1.00	7.00
サークル後輩満足度	89	4.78	1.64	1.00	7.00
ネット上満足度	122	4.75	1.34	1.00	7.00
友人満足度	221	16.52	3.21	6.00	21.00

2.3.6 基礎統計

以上の分析をふまえ、本研究で使用する変数の基礎統計と相関行列を示す(Table 2-5, 2-6)。

なお、対人満足度については、きょうだいがいないなど、該当しない対象者は分析から除外したため、対象人物によって度数が異なっている。

2.3.7 友人関係類型化のためのクラスター分析

現代大学生の友人関係の持ち方を類型化するため、友人関係尺度の各下位尺度の合計得点を標準化し、平方ユークリッド距離を用いたWard法による対象者のクラスター分析を行った。その結果、調査対象者は3つのクラスターに分類された(Figure 2-1)。第1クラスターは73名(32.3%)、第2クラス

第 2 章　大学生における友人関係の特徴とその動機づけおよび友人満足度との関連

Table 2-6　第 2 章相関行列

	2	3	4	5	6	7	8	9	10	11	12	13	14	15	16	17	18	19	20
1 親密	.28***	.68***	.20**	.65***	.15*	.34***	.17**	.13	.47***	.40***	.40***	.19	.13*	.21**	.09	.10	.10	.01	.46***
2 関係悪化回避	―	.27***	.39***	.20**	.00	-.14**	-.07	-.06	.05	-.06	-.01	.18	.07	.15*	.06	-.03	-.04	.12	-.04
3 内発		―	.21**	.46***	.13	.33***	.17*	.15**	.48***	.39***	.40***	.30**	.11	.21**	.19*	.26**	.23*	.19*	.49***
4 外発			―	.25***	-.06	-.08	.13	-.03	.03	-.02	.02	.15	-.06	.11	.03	-.07	.05	.01	-.01
5 情緒交流				―	-.01	.15*	.03	.09	.29***	.15*	.21**	.30**	-.06	.00	.02	.03	.09	.04	.21**
6 事務連絡					―	.08	.11	.07	.13*	.15*	.13	.01	.20**	.18*	.09	.03	.22*	.27**	.19**
7 全体的対人満足度						―	.27***	.25***	.45***	.63***	.51***	.28**	.29***	.27***	.25**	.37***	.32***	.35***	.65***
8 親満足度							―	.53***	.35***	.32***	.30**	.07	.18**	.14	.04	.18*	.31**	.04	.40***
9 きょうだい満足度								―	.39***	.31***	.23**	.09	.18*	.12	.08	.11	.33**	.02	.38**
10 親友満足度									―	.54***	.50***	.25*	.28***	.21**	.08	.31**	.28**	.18*	.80***
11 学内友人満足度										―	.55***	.27**	.33***	.27***	.23**	.34***	.34**	.28**	.85***
12 学外友人満足度											―	.20*	.23**	.22**	.14	.22**	.21	.24**	.83***
13 恋人満足度												―	.21*	.34***	.32**	.23	.36*	.41**	.29**
14 教員満足度													―	.39***	.45***	.32***	.36***	.30**	.36***
15 バイト上司先輩満足度														―	.72***	.23*	.42***	.40***	.32**
16 バイト後輩満足度															―	.27*	.49***	.49***	.20*
17 サークル先輩満足度																―	.71***	.39**	.37***
18 サークル後輩満足度																	―	.45**	.37***
19 ネット上満足度																		―	.28**
20 友人満足度																			―

*$p<.05$, **$p<.01$, ***$p<.001$

Figure 2-1 クラスター分析のデンドログラム

Table 2-7 友人関係尺度得点に関するクラスター間の比較

	①浅い付き合い群 (n=73)		②親密群 (n=73)		③親密・関係悪化回避群 (n=80)		F値	多重比較
	M	SD	M	SD	M	SD		
親密	27.58	5.46	39.36	3.30	38.98	4.79	155.78***	②③>①***
関係悪化回避	15.66	3.90	15.70	1.76	21.01	1.76	105.06***	③>②①***

***$p<.001$

ターは73名（32.3％）、第3クラスターは80名（35.4％）であった。

　各クラスターの友人関係の特徴を明らかにするために、友人関係尺度の各下位尺度の合計得点を、1要因の分散分析で比較した（Table 2-7）。その結果、親密因子で $F(2, 223) = 155.78, p<.001$、関係悪化回避因子で $F(2, 223) = 105.06, p<.001$ となり、いずれの下位尺度でもクラスター間に有意な差がみとめられたため、Tukey の HSD 法による多重比較を行った。

　その結果、第1クラスターは、親密因子の平均値が他の2クラスターより低かった。関係悪化回避因子の得点も低かった。親密な付き合い方は控えており、また関係の悪化を回避しようともしていないため、浅い付き合い群と命名した。第2クラスターは、親密因子の平均値が最も高く、関係悪化回避因子の平均値が浅い付き合い群と同様に低かった。親密な付き合い方を志向

しており、関係悪化を心配していないと考えられたため、親密群と命名した。第3クラスターは、親密因子と関係悪化回避因子の平均値がともに有意に高い得点を示した。親しく付き合いながらも、関係悪化を恐れていると考えられたため、親密・関係悪化回避群と命名した。

2.3.8 友人関係の動機づけ尺度による判別分析

友人関係への動機づけが友人との付き合い方に及ぼす影響を明らかにするために、友人関係の動機づけ尺度の2つの下位尺度得点を独立変数、友人関係各類型を従属変数とする判別分析(ステップワイズ法)を行った。その結果、WilksのΛは.63, $\chi^2(4) = 102.28$, $p < .001$ となり、判別分析は有効であった。判別的中率は、浅い付き合い群で68.5%、親密群で50.7%、親密・関係悪化回避群で53.8%、全体で57.5%であった。投入されたのは内発因子と外発因子であった。判別関数1には、内発因子が高い正の影響を示していた。外発因子の影響はほとんどないと考えられた。そのため、楽しさや興味が高い軸と解釈した。判別関数2では内発が弱い負の影響、外発が強い正の影響を及ぼしていたため、不安にかられており、楽しくなく興味ももてないことを意味する軸と解釈した(Table 2-8)。各群の重心値を見ると、浅い付き合い群は判別関数1が負の値を示しており、親密群と親密・関係悪化回避群では正の値を示している。一方判別関数2では、親密群は負の値、親密・関係悪化回避群は正の値を示していることが特徴となっている。これらの結果から、内発が低いと浅い付き合い群になり、内発が高く外発がないと親密な関係を

Table 2-8 標準化判別係数

	関数1	関数2
内発	.98	-.25
外発	.12	1.00

Table 2-9 各クラスターの重心値

	関数1	関数2
浅い付き合い群	-1.05	.02
親密群	.45	-.24
親密・関係悪化回避群	.55	.20

志向することが示された。また、内発に外発も伴うと、親密ながら不安を抱く関係となる可能性が示唆された（Table 2-9）。

2.3.9 友人関係類型の3群とコミュニケーション内容および友人満足度との関連

友人関係尺度から得られた3群を独立変数、コミュニケーション内容尺度の下位尺度を従属変数とした分散分析を行った（Table 2-10）。その結果、情

Table 2-10 コミュニケーション得点及び各対人満足度得点のクラスター間の比較

	①浅い付き合い群 (n=26-73)		②親密群 (n=38-73)		③親密・関係悪化回避群 (n=32-80)		F値	多重比較
	M	SD	M	SD	M	SD		
情緒交流	14.84	5.88	20.92	4.37	20.68	3.98	38.22***	②③>①***
事務連絡	16.40	3.39	17.67	2.40	17.25	2.97	3.54*	②>①*
全体的対人満足度	4.73	1.46	5.47	1.09	5.14	1.46	5.48**	②>①**
親満足度	5.29	1.62	5.77	1.18	5.45	1.71	1.87$n.s.$	
きょうだい満足度	5.25	1.63	5.78	1.18	5.54	1.61	2.06$n.s.$	
親友満足度	5.46	1.37	6.23	0.91	6.08	1.00	9.86***	②>①*** ③>①**
学内友人満足度	4.73	1.53	5.47	1.25	5.33	1.37	5.72**	②>①** ③>①*
学外友人満足度	4.82	1.62	5.77	1.12	5.38	1.24	9.16***	②>①*** ③>①*
恋人満足度	4.19	1.92	5.08	1.55	5.19	1.60	3.01$n.s.$	
教員満足度	4.06	1.60	4.22	1.20	4.33	1.39	.70$n.s.$	
アルバイト先上司・先輩満足度	4.38	1.65	5.13	1.30	5.25	1.41	5.57**	③>①** ②>①*
アルバイト後輩	4.29	1.76	5.06	1.51	5.02	1.31	2.76$n.s.$	
サークル先輩満足度	5.14	1.46	5.53	1.28	5.00	1.43	1.86$n.s.$	
サークル後輩満足度	4.39	1.88	5.00	1.45	4.74	1.69	.85$n.s.$	
ネット対人満足度	4.43	1.63	4.89	0.87	4.98	1.30	2.06$n.s.$	
友人満足度	15.21	3.78	17.47	2.66	16.78	2.77	9.88***	②>①** ③>①*

*p<.05. **p<.01. ***p<.001

緒交流因子では $F(2, 223) = 38.22, p < .001$、事務連絡因子では $F(2, 223) = 3.54, p < .05$ となり、群間に有意な差がみとめられたため、Tukey の HSD 法による多重比較を行った。

その結果、情緒交流因子では、親密群、親密・関係悪化回避群が、浅い付き合い群よりも高い得点を示した。事務連絡因子では、親密群が浅い付き合い群よりも高い得点を示した。

また、3 群を独立変数、全体的対人満足度の得点を従属変数とした分散分析も行った（Table 2-10）。その結果、群間で有意な差が認められたため（$F(2, 223) = 5.48, p < .05$）、Tukey の HSD 法による多重比較を行ったところ、親密群が浅い付き合い群よりも高い得点を示した。

対象人物別の満足度についても分散分析を行なった結果、以下の対象人物については群間に有意差があった：親友満足度（$F(2, 220) = 9.86, p < .001$）、学内友人満足度（$F(2, 220) = 5.72, p < .01$）、学外友人満足度（$F(2, 222) = 9.16, p < .001$）、アルバイト先上司・先輩満足度（$F(2, 167) = 5.57, p < .01$）、友人満足度（$F(2, 218) = 9.88, p < .001$）。総じて親密群・親密・関係悪化回避群が高い得点を示し、浅い付き合い群が最も低い得点という結果となった。

2.3.10 友人関係への動機づけ、友人との付き合い方とコミュニケーション内容、友人満足度の関連

以上では、友人関係の持ち方の特徴を検討するため、クラスター分析による類型化を行い、友人関係の類型を用いて、判別分析や満足度の分散分析等を行なってきた。しかし、類型化によって付き合い方を固定的に捉えると、その類型に特有の傾向にのみ注目してしまい、付き合い方の特徴が見出されにくくなる可能性もある。判別的中率も高くないため（2.3.8 参照）、クラスター分析による類型化を行うのではなく、付き合い方のそれぞれの因子の得点を用いて分析を行うことも必要と判断した。

友人関係への動機づけを説明変数、友人との付き合い方を媒介変数、コミ

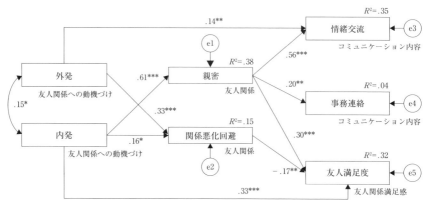

Figure 2-2 パス解析の結果

ュニケーション内容、友人満足度を目的変数として、パス解析を行なった (Figure 2-2)。

説明力のない変数を省略した最終モデルの結果では、適合度指標は $\chi^2(11) = 11.39(n.s.)$, GFI= .99, AGFI= .96, CFI=1.00, RMSEA= .01 であり、十分な適合度が得られた。

外発から関係悪化回避、情緒交流に正の影響が見られた（パス係数はそれぞれ .33, .14）。一方、内発から親密、友人満足度に正の影響が示された (.61, .33)。親密は情緒交流、事務連絡、友人満足度に正の影響を与えていた (.56, .20, .30)。関係悪化回避は友人満足度に負の影響を与えていた (-.17)。

2.4 考察

2.4.1 友人関係の全体像

本研究では、岡田努（1995）の友人関係尺度に質問項目を追加し、孤立や

親密も含む、友人関係の全体像を把握することを目指した。しかし因子分析の結果、想定された5因子は抽出されず、親密と関係悪化回避の2因子のみが抽出された（Table 2-1, 2-2）。群れ因子は親密因子と関係悪化回避因子に吸収されたが、群れ因子は先行研究（岡田，2002）でも3項目のみから構成されることもあり、因子的に不安定であると考えられる。新たに追加した孤立因子の項目も逆転項目として親密因子に吸収される結果となった。孤立と親密には負の相関があるため、それぞれが独立した因子にはならなかったと考えられる。想定された5因子は見られなかったが、抽出された親密と関係悪化回避の2因子は、伝統的な親友関係と現代的な希薄関係をそれぞれ代表している。

　基礎統計（Table 2-5）を見ると、親密因子得点の平均値は35.42であった（得点可能範囲は8-48）。項目ごとの粗点でも、評定値の平均は4.09-5.00の範囲である（1-6の6件法：Table 2-1）。全体としては、対象者はある程度の親密さを感じていると言えるが、個人差も大きい。親密因子得点の最小値が8.00であることは、孤立している人もいることを示している。同様に、関係悪化回避因子得点の平均値は17.57であった（得点可能範囲は4-24）。粗点でも評定値の平均は4.04-4.63の範囲である（1-6の6件法）。全体として、関係悪化を回避する傾向は中立点よりは高いと言えるが、こちらも個人差が大きい。得点可能範囲の上限の人もいれば、下限の人もいる。

　親密因子得点と関係悪化回避因子得点を用いてクラスター分析を行った結果、本研究では、浅い付き合い群、親密群、親密・関係悪化回避群の3群に調査対象者は分類された（Figure 2-1）。浅い付き合い群は、親密因子得点と関係悪化回避因子得点が他群より相対的に低いため、岡田（1995）の関係回避群に相当すると考えられた。しかし、親密因子得点の平均値を見ると、この群の人は質問紙上では概ね「3：あまりあてはまらない」と「4：少しあてはまる」に回答しており、親しい関係を持っていないわけではないことがうかがえる。そのため、関係回避とまでは言えないと判断し、浅い付き合い

群と命名するにとどめた。

　他の2群は、どちらも親密性がある程度高い群であった。関係悪化回避因子得点が最も高い親密・関係悪化回避群でも、親密因子得点は親密群と同程度であった。関係悪化を回避する傾向だけが高い群は、本研究では見られなかった。

　さらに、群れ群と無関心群の存在が想定されていたが、本研究では抽出されなかった。今回の調査は、一般的な共学の大学生や、クラス制度がある大学に在籍する大学生を対象に、授業時間内で実施したため、単独行動を余儀なくされているような臨床群が含まれにくかったことが推測される。その結果、孤立因子が抽出されず、さらに無関心群もクラスターとして抽出されなかった可能性がある。

　このように、本研究では友人関係の希薄化の特徴を明確に示す群は抽出されなかった。逆に、親密群が約32％見られたことは注目される。また友人満足度の平均値も16.52であり（得点可能範囲は3-21）、対象者は全体として、友人関係にある程度満足していることがうかがわれる。本研究の結果は、友人関係の希薄化が、先行研究（e.g., 伊藤，2012；岡田努，2010）で指摘されているほど顕著ではないことを示唆している。

　ただし、先述のように個人差が大きく、対象者の中には、孤立し、また関係悪化回避傾向が非常に強い人も存在した。さらに、何らかの希薄化の兆候を示す群―浅い付き合い群と親密・関係悪化回避群が、合わせて67％前後に達することもまた注目に値すると考えられる。

2.4.1.1　友人関係の各類型の特徴

　クラスター分析によって分類された3群の特徴を検討することは、現代青年の友人関係の特徴を理解するために役立つと考えられる。

（1）浅い付き合い群

　この群は、親密得点が他の2群と比べて低く、関係悪化回避得点が親密・

関係悪化回避群よりも低い群であった（Table 2-7）。親密な付き合い方も、相手との関係を悪化させない付き合い方も中立点付近の強度で行なっていることがうかがえたため、浅い付き合い群と命名した。付き合いの浅さは、情緒的交流が他の2群よりも、事務連絡が親密群よりも低い得点を示したことにも表れている。浅い付き合い群の全体的対人満足度の平均得点は4.73であり、親密群よりは低いが、「5：どちらかといえば満足している」に近い値であることから、対人関係に不満を抱いているとは言えない。友人関連の他の満足度においても、不満傾向は見られなかった。岡田努（2010）は、特に不適応でもなく、過剰適応しているわけでもない、現代的な特徴を極端に示さない平均的青年群の存在を示唆していたが、この群はそれに類似していると考えられる。

　この群の全体的対人満足度は尺度の中立点以上であり、不適応的な群ではないように見える。ただし、判別分析の結果は、友人関係に対する内発的動機が低いと、この群の友人関係を志向することを意味していた（Table 2-9）。この傾向がさらに強まると、友人関係への内発的な興味が薄れ、無関心群に移行する可能性もあると考えられる。したがって、このクラスターをさらに細分化して検討すると、不適応を示している事例が見出される可能性も否定できない。

（2）親密群

　この群は、親密得点が高く、関係悪化回避得点が低い群であった。本音で付き合うような親密な関わり方をし、友人との関係に不安を抱いていない群と推察された。判別分析の結果からは、内発が高く外発がない場合に親密な関係を志向することが示された。各対人満足度も最も高い得点を示しており、適応的な群と考えられる。

　本研究では、岡田努（1995）の友人関係尺度に親密項目と孤立項目を追加して、友人関係の全体像をとらえることを目指し、クラスター分析の結果、親密群を抽出することができた。この結果は、友人関係の希薄化が強調され

る中で、従来通りの親友関係も一定の割合で存在し続けていることを意味し、注目に値する。

(3) 親密・関係悪化回避群

この群は、親密得点と関係悪化回避得点のいずれも高い傾向を示した群であった。関係悪化回避得点が高いことから、希薄な友人関係の特徴を示すことが期待されるが、一方で親密得点も高く、対人関係満足度は高かった。関係悪化回避と親密の共存は、矛盾しているようにも見える。判別分析の結果は、内発的動機に外発的動機も加わると、親密ながら不安を感じる関係を志向することを示していた（Table 2-9）。外発因子は関係悪化回避因子と有意な正の相関関係にあり（Table 2-6）、外発因子の背後にある友人関係における不安が、親密な関係の中に、関係悪化回避を生起させていることが示唆された。

なお本研究では、友人に限らず、多様な他者との関係における満足度も尋ね、クラスター間の比較を行った。結果は一様に、友人との親密な関係を志向している人の方が、浅い付き合い方をしている人よりも、学内外の友人満足度や、アルバイト先の上司・先輩との満足度は高いというものであった（Table 2-10）。親密群と親密・関係悪化回避群には有意差は見られなかった。また、親やきょうだいなどの家庭での対人関係については、群間で差が見られなかった。これらの結果は、友人関係における親密志向性は、家庭での適応には影響がないが、学校やさらに広い社会での適応については促進的な影響を及ぼすことを示唆している。なお、現実の友人関係で浅い関係を志向する人は、ネット上では活発に交流して満足を得ているという可能性も想定したが、そのような結果は得られなかった。

2.4.2 友人関係への動機づけ、友人との付き合い方とコミュニケーション内容、友人満足度の関連

本研究では、親密因子と関係悪化回避因子に基づくクラスター間の比較だ

けでなく、これらの因子それぞれの得点を用いて、パス解析も行なった (Figure 2-2)。

その結果、内発から親密と友人満足度に正の影響が見られた。親密は情緒交流、友人満足度に正の影響を与えていた。内発から満足度へは、直接効果と、親密を媒介した間接効果の両方が見られる。自己決定的な動機づけは友人との親密な関係を促進し、友人満足度を高めることが示された。また、内発から関係悪化回避への正のパスも見られた。

一方、外発から関係悪化回避、情緒交流にも正の影響が示された。不安や義務感から友人関係をもつことが動機づけられていると、相手の考えとぶつからないように、また楽しい雰囲気になるように気を遣う友人関係になることが示された。また、外発的な動機づけが情緒交流を促すのは、「親しくしていないと友人ががっかりするから」という項目が示すように、情緒交流を行うことで、相手の友人と親しくしていることを示したいためだと考えられる。しかし、内発的な動機づけではなく、不安や義務感からの行動であるため、満足できる交流に成り得るかは疑問である。

関係悪化回避から友人満足度には負の影響が見られ（$-.17$）、この結果は予測と合致している。しかし、単相関を見ると、関係悪化回避と友人満足度の相関は$-.04$ ($n.s.$) である（Table 2-6）。友人満足度の説明変数である3変数（親密、関係悪化回避、内発）の間の相関係数は、$.27\sim.68$であり、比較的大きいものが含まれている。重回帰分析における多重共線性のような現象が起きている可能性もあり、関係悪化回避から友人関係への負の影響については、慎重な解釈が必要と考えられる。

パス解析の結果から、第1に、友人関係への内発的な動機づけが親密な関係をもたらし、活発なコミュニケーション行動や友人満足度につながることが明らかになった。第2に、希薄な友人関係である関係悪化回避因子の規定因が、外発的な動機づけであることが確認された。なお、内発的動機も関係悪化回避に正の影響を与えており、重要で楽しい付き合いを求めた結果、気

を遣う友人関係が形成されることが示されたことは注目される。第3に、関係悪化を回避する友人関係が、友人満足度を低減させる可能性が示唆された。

2.4.3 気遣いの概念と測定の再検討

気遣いは、現代青年の友人関係を考える際のキーワードであり、気遣いがコストになれば、友人関係満足度は低下することが予測される。本研究では、気を遣う友人関係、すなわち関係悪化回避因子から友人関係満足度へは負のパスが見られたが、先述のように、この結果には慎重な解釈が求められる。また、クラスター間の比較においても、親密・関係悪化回避群の友人満足度は、親密群と同等であった（Table 2-10）。親密・関係悪化回避群と親密群の違いは、関係悪化回避の強さであり、この結果も関係悪化回避傾向が満足度を低下させるということを意味していない。すなわち本研究では、気を遣う友人関係と友人満足度の関係については、負の関連がある可能性が示唆されはしたが、明快な結果は得られなかったと言わざるを得ない。

本研究では、先行研究との連続性を重視する観点から、岡田努（1995）の友人関係尺度に含まれる気遣い因子を気遣いの指標とした（なお本研究では、群れ因子の内容も含む関係悪化回避因子として抽出された）。関係悪化を回避する関係が、外発的動機によってもたらされることは予測通りであったが、関係悪化回避が内発的動機からも予測されることは予想外であった。気を遣う友人関係の背景にあるのは、防衛的な心理だけでないことがうかがわれる。気遣いが現代青年の友人関係を考える際のキーワードであるならば、気遣いの概念を理論的に検討し、それに基づく気遣い尺度を作成した上で、研究を進める必要があると考えられる。

2.4.4 まとめと課題

本研究では、現代青年に広く見られる友人との付き合い方の類型の抽出を、大学生を対象に探索的に行い、その結果、浅い付き合い群と親密群、親密・

関係悪化回避群の3群が抽出された。友人関係への内発的動機づけが低いと浅い付き合い群になり、外発的動機づけが高いと関係悪化を回避する群となる傾向が高まった。

パス解析の結果、友人関係への内発的動機づけが親密な関係をもたらし、それが友人満足度につながるという関係が見られた。一方で、外発的動機づけが関係悪化回避をもたらし、それが友人満足度を低下させるという傾向も見られた。ただし、関係悪化回避と友人満足度の関係は、相関係数の結果では見られなかった。気遣いと友人満足度の関係については、友人関係の背景にある気遣い志向性そのものを測定する尺度を作成して、再検討する必要があると考えられる。

第3章　友人への気遣いの規定因：
気遣い尺度の作成と妥当性の検討

3.1　本章の問題と目的

　本章では、本論文の第2の目的である、友人関係における気遣い尺度の作成を行う。さらに、第3の目的である、気遣いの規定因の検討を行う。

　岡田（1995）は、現代青年に特徴的な付き合い方を測定するための尺度を作成し、その中で気遣い因子を抽出した。友人関係の気遣い因子は、「相手の考えていることに気をつかう」「互いに傷つけないよう気をつかう」といった、防衛的な内容となっている。気を遣う友人関係は、関係維持のコストが高く、友人関係満足度が低いと推測される。

　第2章では、岡田努（1995）の友人関係尺度を拡張した尺度を因子分析し、親密因子と関係悪化回避因子を抽出した。後者が、気を遣う友人関係に対応する。パス解析の結果、関係悪化回避因子と友人関係満足度に負の関連が見られた（Figure 2-2）。ただし相関係数 r では、両者の関連はほとんどなく（Table 2-6）、気遣いと友人関係満足度との関係は、再検討が必要となっている。またそのために、友人関係における気遣いを測定する尺度を作成することが今後の課題として挙げられていた。

　一般に、尺度を作成するためには、測定する概念の定義を明確にする必要がある。本論文では、第1章で、気遣いの概念の意味を字義的・理論的に検

付記　本章の内容は、既発表論文のデータを再分析し、加筆・再構成したものである。
満野史子・今城周造（2013）．大学生の友人に対する気遣い尺度の作成と規定因の検討　昭和女子大学大学院生活機構研究科紀要, 22, 31-46.

討し、気遣いを「相手および相手との関係のために行われる向社会的行動、あるいは自己防衛および関係維持のために本心を隠す抑制的行動」と定義した。ただしこの定義が、人々が理解している気遣いの内容と合致しているかどうかは未検討である。従って、まず予備調査を実施し、気遣いの意味を対象者に自由記述してもらい、この定義の妥当性を検討する必要がある。

これまでの友人関係研究において、友人に対する気遣いは、多くの場合、お互いに傷つけ合わないように相手の心に踏み込まないという防衛的な内容として検討されてきた（e.g., 岡田努, 1995）。これは本論文の定義では、抑制的気遣いに該当すると考えられる。一方、友人関係における向社会的気遣いは、関係の深化・発展のために必要と考えられるが、これを直接的に検討した先行研究は見当たらない。また、そっとしておくといった抑制的気遣いには、思いやりの側面もありうるため、気遣いの両面を測定し、それぞれの内容や規定因を検討することは、現代青年の対人関係の特徴を理解する上で有効であろうと期待される。

本研究では第1に、大学生の友人関係における気遣いの全体像を測定できる尺度を新たに作成する。気遣いの内容については予備調査から探索的に抽出を試みる。その際、親密さを求める側面と傷つくのを避ける側面が見られるかどうかに注目する。また満野・三浦（2009）は、相手を傷つけないために思いやりを敢えて表出しない現象を報告しているが、気遣いにも行動として表出されるものとされないものがある可能性がある。本研究では、行動として表出されない気遣いも視野に入れて、気遣い尺度の作成を試みる。

第2に、気遣いの理由についての尺度も作成し、気遣い行動との対応を検討する。内田・北山（2001）は、思いやり行動と、その準備状態としての思いやり的心理状態とは理論的に区別されるべきであると述べている。この指摘に従えば、本研究でも、向社会的気遣いの行動と準備状態を区別する必要があると考えられる。同様に、抑制的気遣いについても、特有の心理的準備状態があると推測される。

準備状態としては、本研究では、気遣う動機・理由に注目する。気遣い行動に向社会的・抑制的の2側面があるとすれば、気遣いの準備状態にも、相手を思いやる利他的なものと、傷つくのを避ける防衛的なものがあると考えられる。利他的な理由と向社会的気遣い行動、防衛的な理由と抑制的気遣い行動、それぞれに対応が見られれば、気遣い尺度の妥当性を示す結果になると期待される。

　第3に、気遣い行動の規定因を検討する。気遣い行動の直接的規定因は、上述のように気遣う理由であるが、因果関係を遡ると、文化的要因や様々な個人差が、気遣いの理由・行動の規定因になっていると考えられる。気遣いの背景には、文化的要因（Triandis, 1995）や、関係維持のための罪悪感（大西，2008）、対人的傷つきやすさ（鈴木・小塩，2002）、共感性（登張，2003）、コミュニケーション・スキル（藤本・大坊，2007）の影響が予想される。これらの変数が、気遣う理由と気遣い行動に及ぼす効果を検討する。予測通りの影響が見られれば、気遣い尺度の妥当性を示す結果になると期待される。

　抑制的気遣いと防衛的理由の規定因としては、以下の3つが挙げられる。①関係維持のための罪悪感（大西，2008）とは、本音があっても関係維持のために相手に遠慮してしまう罪悪感である。この罪悪感は、「負い目」や「申し訳ない」といった相互に協調的な対人関係を基盤とした罪悪感であり、相互協調的自己観が優勢である日本などで見られる（北山，1998）。相手への批判や要求をする際に、それがたとえ正当なものであっても、それまでの相手との関係を悪くしてしまうのではという懸念から罪悪感が生じてくると考えられる。関係維持のための罪悪感が強い人は、相手との関係悪化を懸念し、防衛的理由から、抑制的気遣いをすることが予測される。②個人的苦痛（登張，2003）とは、他者の苦痛に対して、不安や苦痛等、他者に向かわない自己中心の感情的反応をする傾向である。友人の苦境に困惑するばかりの人は、個人的苦痛から逃れるために、友人には本心を言わないだろう。すなわち、個人的苦痛は、防衛的理由と抑制的気遣いにつながると考えられる。③対人

的傷つきやすさ（鈴木・小塩，2002）とは、他者からのネガティブな評価を受けた際の落ち込みやすさを指す。この傾向が強い人は、自己評価の低下を防ぐために、友人には本心を隠すだろう。対人的傷つきやすさも、防衛的理由と抑制的気遣いを増大させると推測される。

一方、利他的理由と向社会的気遣いの規定因としては、以下の3つが挙げられる。①共感的関心（登張，2003）とは、他者の不運な感情体験に対し、自分も同じような気持ちになることであり、他者の状況に対応した、他者志向の温かい気持ちである。共感性は、思いやり行動と関連する重要な個人内要因であるため（登張，2003）、利他的理由と向社会的気遣いとも正に関連があると推測される。②社会的スキルも、思いやり行動の意図に影響する要因のひとつとして考えられている（菊池，1998）。コミュニケーション・スキルの高さは、向社会的行動との関連が見出されているため（藤本・大坊，2007）、利他的理由と向社会的気遣いに正の影響を与えると考えられる。本研究では、藤本・大坊（2007）のコミュニケーション・スキル尺度（ENDCOREs）を用いて、スキルの自己評価（得意－不得意）を測定する。③文化的要因としては、集団主義（Triandis, 1995）が挙げられる。集団主義とは、相互依存的で、集団の目標が個人よりも優先され、たとえ不利益を被っても関係性が重視される傾向をさしている。集団主義的な傾向を持つ人は、関係性を重視することから、利他的理由によって向社会的気遣いをするだろう。

3.2 方法

3.2.1 予備調査
調査対象者

都内にある共学大学2校の学生255名と女子大学1校の学生126名（計381名）を調査対象とした。その381名のうち、1項目でも記入があった共学227名（男性107名、女104名、不明16名）と女子大学生111名（計338名）を分析対象

とした。

調査時期

2012年1月。

実施方法

授業時間の一部を利用して、調査を集団実施後、質問紙を回収した。質問紙には、回答は任意であり匿名性が保証されることを明記し、配布する前にも口頭で同様の教示を行った。

調査内容

調査内容は、最近友人へ気遣いをした経験に関するものであり、①どのような状況で気遣い行動をしたか、またはしなかったか、②なぜそのように行動したのかについて自由記述を求めた。その際、気遣いの対象がふだん最も親しくしている親友である場合と、ある程度親しくしている友人である場合とに分けて調査を実施した。

尺度項目の選定

自由記述の結果をKJ法により分類した。各記述項目を小分類し、それを2つの大分類にまとめた（気遣いは付録1、気遣う理由は付録2を参照）。その結果、気遣いについては、向社会的気遣いと抑制的気遣いの2カテゴリー、気遣った理由については、利他的理由と防衛的理由の2カテゴリーが抽出された。尺度項目の選定に際しては、本研究では友人関係一般に注目しているため、気遣う対象が親友と友人である場合を区別せず分類を行った。筆者と臨床心理士1名、心理学専攻の大学院生1名が内容的妥当性の検討を行い、その結果、気遣いで41項目、気遣った理由で18項目を選定した。

3.2.2 本調査

調査対象者

都内にある共学大学2校の学生320名を調査対象者とした。その320名のうち、欠損値のない258名（男性87名，女性168名，不明3名，$M = 19.75$歳，$SD =$

0.98) を調査対象者とした。

調査時期

2012年7月。

手続き

授業時間の一部を利用して、調査を集団実施後、質問紙を回収した。質問紙には、回答は任意であり匿名性が保証されることを明記し、配布する前にも口頭で同様の教示を行った。

本研究では、友人への気遣いの規定因の検討を行うが、すべての項目について記入してもらうと、調査対象者への負担が過重になる恐れがある。そこで、以下の（1）～（6）の尺度を用いた質問紙と、（1）～（3）、（7）（8）の尺度を用いた質問紙を作成し、ランダムに配布した。

調査内容

（1）フェイスシート

学年、学科、年齢、性別を尋ねた。

（2）**友人への気遣い**

上述の、友人への気遣い行動の41項目から成る友人への気遣い尺度を用いた。7件法（1全くあてはまらない－7非常によくあてはまる）で尋ねた。

（3）**友人に気を遣う理由**

上述の、友人を気遣った理由の18項目から成る友人を気遣う理由尺度を用いた。7件法（1全くあてはまらない－7非常によくあてはまる）で回答を求めた。

（4）**個人主義と集団主義**

集団が持っている目標や都合より個人の目標や都合を優先する個人主義的な価値観と、逆に個人の目標や都合よりも集団の目標や都合を優先させる集団主義的な価値観の傾向を測定するため、個人主義と集団主義尺度（Triandis, 1995）を用いた。32項目を9件法（1非常に反対－9非常に賛成）で尋ねた。

（5）対人的傷つきやすさ

他者からネガティブな評価を受けた際に容易に落ち込み、精神的健康を害しやすい傾向を測定するため、対人的傷つきやすさ尺度（鈴木・小塩, 2002）を用いた。10項目を6件法（1全くそう思わない－6とてもそう思う）で尋ねた。

（6）関係維持のための罪悪感

相手への批判や要求をする際に、それがたとえ正当なものであっても、それまでの相手との関係を悪くしてしまうのではという懸念から罪悪感が生じてくる傾向を測定するため、特性罪悪感尺度（大西, 2008）のうち、関係維持のための罪悪感因子を使用した。6項目を6件法（1全くそう思わない－6とてもそう思う）で尋ねた。

（7）共感性

青年期の共感性を測定するため、青年期用多次元的共感性尺度（登張, 2003）を用いた。この尺度は4つの下位尺度から成っている。共感的関心（13項目）は他者の不運な感情体験に対し、自分も同じような気持ちになり、他者の状況に対応した、他者志向の温かい気持ちを持つことである。個人的苦痛（6項目）は、他者の苦痛に対して、不安や苦痛等、他者に向かわない自己中心の感情的反応をする傾向のことである。ファンタジー（4項目）は小説や映画などに登場する架空の他者に感情移入することを意味し、気持ちの想像（5項目）は他者の気持ちや状況を想像することがその内容である。28項目を5件法（1あてはまらない－5あてはまる）で尋ねた。

（8）コミュニケーション・スキル

ENDCOREs尺度（藤本・大坊, 2007）を用いた。この尺度は、コミュニケーション・スキルに関する諸因子を階層構造にした内容で、自己統制、表現力、解読力、自己主張、他者受容、関係調整の6因子で構成されている。24項目を7件法（1かなり苦手－7かなり得意）で尋ねた。

3.3 結果

3.3.1 友人への気遣い尺度の因子分析

友人への気遣い尺度（41項目）について因子分析（最尤法、プロマックス回転）を行った（Table 3-1）注。スクリープロットの結果から2因子を抽出した。なお、共通性は回転前のものであり、回転前の説明率は37.29％であった。第Ⅰ因子は「友人が悩んでいるようだったので、話を聞く」「友人が自宅に遊びに来た時は、一生懸命もてなす」など、友人を援助したり、友人関係を強化する行動をしている内容が多かったので、向社会的気遣い因子と命名した（12項目，α = .87）。第Ⅱ因子は「友人と話している時、友人を否定したくなっても言わないでおく」など、友人に対する行動を抑えているような内容が多かったため、抑制的気遣い因子と命名した（14項目，α = .87）。

3.3.2 友人への気遣い尺度の確認的因子分析

以降の章で友人への気遣い尺度を用いる場合には、向社会的気遣いと抑制的気遣いの2因子を仮定して、確認的因子分析を行う予定である。交差妥当性を検討するための基礎として、本章でも同じデータについて確認的因子分析を行った（Table 3-2）。分析には Amos21 を用い、因子間の相関を仮定した。初期の分析では適合度が十分ではなかったため、因子負荷が.50を下回った項目は除外した。各項目の因子負荷は、想定された因子で大きくなっている。項目番号は Table 3-1 と同じである。適合度指標は $\chi^2(85) = 184.93$ ($p<.001$), GFI= .92, AGFI= .89, CFI= .94, RMSEA= .07 であり、RMSEA

注 本研究の初出時には、因子分析を主因子法（バリマックス回転）で行ったところ、同じく2因子構造ではあったが、抑制的気遣い因子が1項目少なく、13項目であった。従って、4章と5章の研究でも、気遣い尺度を25項目と表記している。最尤法の因子分析で追加された項目は、「19友人と話しているとき、友人に助言したくなっても言わないでおく」である。

Table 3-1 気遣い尺度の因子分析（最尤法、プロマックス回転）

	I	II	共通性	平均値	標準偏差
第I因子 向社会的気遣い（α=.87）					
23 友人が悩んでいるようだったので、話を聞く	.86	-.12	.69	5.76	1.03
25 友人が悩んでいるようだったので、相談に乗る	.82	-.16	.66	5.69	1.05
3 友人が落ち込んでいるようだったので、励ます	.72	-.01	.51	5.88	.93
12 友人が何かいつもと様子が違ったので、声をかける	.66	-.14	.45	5.33	1.29
16 友人が困っているようだったので、助言をする	.65	.07	.53	5.38	1.06
29 友人が困っているようだったので、手を貸す	.65	.06	.51	5.51	1.06
17 友人が具合悪そうな時、介抱してあげる	.64	.04	.49	5.63	1.11
9 友人が自宅に遊びにきた時は、一生懸命もてなす	.47	.20	.39	5.17	1.37
8 友人が授業を休んだので、レポートなど出ている課題を教える	.45	.01	.32	6.01	1.11
21 友人がよく喋るときは、よくうなずいてあげる	.44	.09	.34	5.52	1.18
30 友人が落ち込んでいる時は、黙ってそばにいる	.44	.07	.32	4.67	1.31
6 友人が嫌な思いをしている時、さりげなく友人にとって楽しそうな話題に変える	.43	.05	.36	5.42	1.10
第II因子 抑制的気遣い（α=.87）					
39 友人と話している時、友人を否定したくなっても言わないでおく	-.15	.81	.58	4.21	1.40
35 友人と意見が合わない時、何も言わないで我慢する	-.14	.80	.58	3.92	1.50
37 友人が同意を求めているようだったら、本心でなくても同意してあげる	.03	.68	.54	4.49	1.43
40 友人に言いたいことがある時、友人が気分を害するようなことは言わないでおく	.12	.67	.54	4.76	1.45
24 友人と意見が合わなくても、同調してあげる	.06	.64	.49	4.51	1.49
15 友人の好きなものに興味がなくても、興味がなさそうな態度はとらないでおく	.13	.53	.45	4.93	1.32
2 友人から思いやりのない言葉をかけられた時、言い返そうと思っても我慢する	.04	.53	.43	4.53	1.59
33 友人が自分も親しくしている人の悪口を言っている時、それを否定しないでおく	-.14	.49	.30	3.91	1.39
11 友人から自分の好きなものを否定されたが、そのことを深く掘り下げないことにする	.07	.48	.33	4.81	1.48
10 友人がつまらない話しをしていても、つまらないと言わないで聞いてあげる	.24	.46	.45	5.41	1.34
5 友人と会話する時、友人にとって不快になるようなことは言わないでおく	.08	.46	.38	5.33	1.22
34 友人が言われたくなさそうな事は言わないでおく	.16	.44	.37	5.29	1.18
4 友人から約束を破られても、文句は言わないでおく	.07	.44	.35	4.01	1.60
19 友人と話している時、友人に助言したくなっても言わないでおく	-.20	.43	.29	3.69	1.25

因子間相関	I	II
I	—	.37
II		—

Table 3-2 気遣い尺度の確認的因子分析

	I	II	平均値	標準偏差
第Ⅰ因子　向社会的気遣い（α=.87）				
23 友人が悩んでいるようだったので、話を聞く	.75		5.76	1.03
3 友人が落ち込んでいるようだったので、励ます	.73		5.88	.93
16 友人が困っているようだったので、助言をする	.70		5.38	1.06
17 友人が具合悪そうな時、介抱してあげる	.70		5.63	1.11
25 友人が悩んでいるようだったので、相談に乗る	.69		5.69	1.05
29 友人が困っているようだったので、手を貸す	.67		5.51	1.06
12 友人が何かいつもと様子が違ったので、声をかける	.61		5.33	1.29
9 友人が自宅に遊びにきた時は、一生懸命もてなす	.57		5.17	1.37
第Ⅱ因子　抑制的気遣い（α=.86）				
39 友人と話している時、友人を否定したくなっても言わないでおく		.75	4.21	1.40
37 友人が同意を求めているようだったら、本心でなくても同意してあげる		.74	4.49	1.43
35 友人と意見が合わない時、何も言わないで我慢する		.73	3.92	1.50
40 友人に言いたいことがある時、友人が気分を害するようなことは言わないでおく		.70	4.76	1.45
24 友人と意見が合わなくても、同調してあげる		.70	4.51	1.49
10 友人がつまらない話をしていても、つまらないと言わないで聞いてあげる		.55	5.41	1.34
15 友人の好きなものに興味がなくても、興味がなさそうな態度はとらないでおく		.55	4.93	1.32
因子間相関	I	II		
I	—	.38		
II		—		

はやや大きいが、許容範囲の適合度が得られたと判断した（なお、修正指標を参考に、誤差間に相関を4個仮定したが、これによる因子構造の変化はなかった）。確認的因子分析の結果、探索的因子分析の結果と同じ2因子構造が確認された。許容範囲の適合度が得られたため、確認的因子分析の下位尺度の合計得点をそれぞれ算出し、分析に用いることにした。

3.3.3　友人を気遣う理由尺度の因子分析

友人を気遣う理由尺度について、因子分析（最尤法、プロマックス回転）を

Table 3-3 気遣う理由尺度の因子分析（最尤法、プロマックス回転）

	I	II	共通性	平均値	標準偏差
第I因子　利他的理由（α=.81）					
11 私が友人に気遣いをするのは、友人に元気になってもらいたいからである	.82	－.27	.51	5.46	1.29
10 私が友人に気遣いをするのは、友人が困っているからである	.79	－.15	.53	5.18	1.39
15 私が友人に気遣いをするのは、友人に負担がかからないようにするためである	.69	.13	.56	4.65	1.40
14 私が友人に気遣いをするのは、友人を傷つけないためである	.57	.37	.67	5.05	1.44
18 私が友人に気遣いをするのは、当たり前のことだからである	.50	－.06	.23	5.34	1.36
16 私が友人に気遣いをするのは、そうすることが友人のためになると思うからである	.50	－.02	.26	4.50	1.45
第II因子　防衛的理由（α=.81）					
3 私が友人に気遣いをするのは、後々面倒なことになるのを防ぐためである	－.22	.78	.44	4.60	1.60
9 私が友人に気遣いをするのは、その場の空気を悪くしないためである	.05	.67	.48	4.77	1.49
6 私が友人に気遣いをするのは、状況的に仕方なく、そうするしかないからである	－.30	.65	.36	3.63	1.45
17 私が友人に気遣いをするのは、図々しいと思われたくないからである	－.03	.62	.37	3.94	1.57
13 私が友人に気遣いをするのは、友人から嫌われたくないからである	.34	.50	.57	4.64	1.68
12 私が友人に気遣いをするのは、その時そうした行動しかできる自信がないからである	.05	.50	.34	4.04	1.56
7 私が友人に気遣いをするのは、友人に嫌な思いをさせないためである	.31	.49	.51	5.14	1.29
因子間相関	I	II			
I	－	.51			
II		－			

行った（Table 3-3）。スクリープロットの結果から2因子を抽出した。なお、共通性は回転前のものであり、回転前の説明率は44.16%であった。第I因子は「私が友人に気遣いをするのは、友人が困っているからである」など、友人のためになるよう配慮をしていることがうかがえる内容が多かったので、利他的理由因子と命名した（6項目，α=.81）。第II因子は「私が友人に気遣

いをするのは、後々面倒なことになるのを防ぐためである」など、今後のトラブルを避けたり、友人に嫌われないよう配慮している内容が見られたため、防衛的理由因子と命名した（7項目，$\alpha = .81$）。α係数はいずれも許容範囲以上であったため、下位尺度の合計得点をそれぞれ算出した。

3.3.4 個人主義と集団主義尺度の因子分析

　Triandis (1995) の個人主義と集団主義尺度について、因子分析（最尤法、プロマックス回転）を行った (Table 3-4)。スクリープロットの結果から3因子を抽出した。Triandis (1995) の個人主義と集団主義尺度では、水平的個人主義因子、垂直的個人主義因子、水平的集団主義因子、垂直的集団主義因子の4因子構造であったが、本研究では3因子となった。なお、共通性は回転前のものであり、回転前の説明率は37.61％であった。第Ⅰ因子は「他者と協力しているときは心地よく感じる」など、他者と協調的な内容が多く見られたため、集団主義因子と命名した（9項目，$\alpha = .79$）。第Ⅱ因子は「私にとって他の人よりうまく仕事をこなすことが重要である」など、達成志向的で他者と競い合うような内容が多かったため、競争的個人主義因子と命名した（8項目，$\alpha = .80$）。第Ⅲ因子は、他者との言い争いは嫌ではなく、勝つことを強調し、話をする時は直接的にずばりというなど、自己主張を強調した内容が見られたため、主張的個人主義因子と命名した（4項目，$\alpha = .67$）。項目数が少ないため、αの値が十分でない因子もあるが、因子負荷量がいずれも.40以上なので、下位尺度の合計得点をそれぞれ算出した。

3.3.5 青年期用多次元的共感性尺度の因子分析

　登張 (2003) の青年期用多次元的共感性尺度について、因子分析（最尤法、プロマックス回転）を行った (Table 3-5)。スクリープロットの結果から3因子を抽出した。登張 (2003) の青年期用多次元的共感性尺度では、共感的関心因子、個人的苦痛因子、ファンタジー因子、気持ちの想像因子の4因子構

Table 3-4 個人主義と集団主義尺度の因子分析（最尤法、プロマックス回転）

	I	II	III	共通性	平均値	標準偏差
第I因子　集団主義（α=.79）						
28 他者と協力しているときは心地よく感じる	.71	.06	.06	.49	6.89	1.67
14 いっしょに働く仲間の幸福は、私にとって重要である	.68	－.03	.06	.43	6.82	1.73
11 ちょっとしたことでも身近な人々とそれを共有するのが好きである	.62	.03	－.01	.47	6.90	1.73
22 私にとって喜びとは、他の人々と時間を過ごすことである	.58	－.20	－.03	.40	6.34	1.90
31 大きな旅行をする前には、家族や多くの友人に相談する	.52	.03	.03	.33	6.37	2.32
9 私にとって集団内の調和を維持することは重要である	.50	.25	－.21	.44	7.19	1.52
2 私の幸福は、自分の周囲の人々の幸福に非常に左右される	.48	－.16	.01	.33	5.98	1.88
20 もしいっしょに働いている仲間が賞を獲れば、私はそれを誇りに思うであろう	.48	－.03	.10	.29	6.73	1.62
3 家族が喜んでくれるのであれば、たとえその行為が非常にいやでもやるであろう	.43	.01	.08	.37	5.00	2.26
第II因子　競争的個人主義（α=.80）						
10 私にとって他の人よりうまく仕事をこなすことが重要である	.15	.63	－.02	.49	5.94	1.98
8 他の人が自分よりうまくものごとを進めるとイライラする	.03	.63	－.18	.42	5.28	1.97
19 競争は自然の法則である	.08	.61	.23	.63	6.69	1.81
32 成功するとき、それはたいていの場合自分に能力があるからである	－.22	.60	－.08	.41	5.05	2.05
26 競争なしによい社会を築くことはできない	.08	.60	.19	.60	6.37	2.00
27 子どもには楽しみよりもまず義務を果たすことを教えるべきである	.06	.57	－.09	.42	5.05	2.31
5 人は他者と独立して自分の人生を歩むべきである	－.27	.50	.00	.37	5.39	2.29
4 勝つことがすべてである	－.10	.47	.38	.50	4.60	2.25
第III因子　主張的個人主義（α=.67）						
29 私は同じ集団内の他者と言い争うのは嫌だ*	－.06	－.29	.81	.48	6.31	2.13
30 何事においても勝つことを強調する人々がいるが、私はそんな中の1人ではない*	－.13	.11	.60	.46	6.05	1.97
12 他者と競争するような状況下で働くのは楽しい	.22	.11	.54	.45	5.09	2.12
1 私は人と話をするときは、直接的にずばりという方が好きだ	.14	.00	.47	.30	6.33	1.99

因子間相関	I	II	III
I	－	.16	－.19
II		－	.25
III			－

*印は逆転項目。

Table 3-5 青年期用多次元的共感性尺度の因子分析（最尤法、プロマックス回転）

	I	II	III	共通性	平均値	標準偏差
第I因子　共感的関心因子（α=.86）						
8　困っている人を見ても、それほどかわいそうと思わない*	.73	-.06	-.21	.42	3.76	.94
28　体の不自由な人やお年寄りに何かしてあげたいと思う	.72	-.18	-.03	.54	4.00	.84
10　いじめられている人を見ると、胸が痛くなる	.67	.18	-.03	.58	4.19	.84
18　友達がとても幸せな体験をしたことを知ったら、私まで嬉しくなる	.66	-.24	.03	.49	4.01	.98
6　他人をいじめている人がいると、腹が立つ	.60	.28	-.09	.57	4.17	.92
1　困っている人がいたら助けたい	.59	-.09	.05	.54	4.24	.71
20　落ち込んでいる人がいたら、勇気づけてあげたい	.59	-.02	.11	.51	4.05	.87
13　人が冷たくあしらわれているのを見ると、私は非常に腹が立つ	.57	.41	-.17	.60	3.59	1.12
12　人から無視されている人のことが心配になる	.52	.21	.05	.53	3.96	1.00
26　私は身近な人が悲しんでいても、何も感じないことがある*	.47	-.18	.05	.35	3.61	1.25
22　ニュースで災害にあった人などを見ると、同情してしまう	.46	.05	.33	.57	3.76	1.11
3　心配のあまりパニックにおそわれている人を見るとなんとかしてあげたくなる	.42	-.13	.17	.36	2.93	1.11
第II因子　個人的苦痛因子（α=.86）						
17　泣いている人を見ると、私はどうしていいかわからなくなって困ってしまう	-.19	.85	.01	.65	3.24	1.20
11　ころんで大けがをした人を見ると、私はどうしていいか分からなくなって困ってしまう	.03	.79	-.14	.57	3.24	1.21
24　すぐに助けてあげないといけない人を見たら、どうしていいか分からなくなる	-.08	.75	.10	.65	3.38	1.24
15　まわりの人が感情的になっていると、どうしていいかわからなくなる	-.08	.72	.01	.51	3.24	1.20
14　急に何かが起こると、どうしていいかわからなくなる	-.10	.57	.28	.51	3.76	1.12
第III因子　気持ちの想像因子（α=.83）						
4　小説を読むとき、登場人物の気持ちになりきってしまう	-.12	-.04	.84	.53	3.65	1.18
21　ドラマや映画を見るとき自分も登場人物になった気持ちで見ることが多い	.09	-.01	.75	.57	3.54	1.25
7　本を読むときは、主人公の気持ちを考えながら読む	.00	.08	.72	.58	3.76	1.07
5　悲しい体験をした人の話を聞くと、つらくなってしまう	.37	.04	.51	.62	3.86	1.14
23　おもしろい物語や小説を読むと、そのようなことが自分に起こったらどのように感じるか想像する	-.03	.02	.47	.37	3.96	1.05

因子間相関		I	II	III
	I	—	.31	.46
	II		—	.35
	III			—

*印は逆転項目。

造であったが、本研究では3因子となった。なお、共通性は回転前のものであり、回転前の説明率は47.17%であった。各項目の因子負荷から、登張(2003)の結果の因子名に合わせて、それぞれ第Ⅰ因子は共感的関心因子（12項目，α = .86）。第Ⅱ因子は個人的苦痛因子（5項目，α = .86）。第Ⅲ因子は気持ちの想像因子（5項目，α = .83）と解釈した。α係数は高く十分な内的一貫性がみとめられたため、下位尺度の合計得点をそれぞれ算出した。

3.3.6 ENDCOREs 尺度の因子分析

藤本・大坊（2007）のENDCOREs尺度について、因子分析（最尤法、プロマックス回転）を行った（Table 3-6）。スクリープロットの結果から3因子を抽出した。藤本・大坊（2007）のENDCOREs尺度では、自己統制因子、表現力因子、解読力因子、自己主張因子、他者受容因子、関係調整因子の6因子構造であったが、本研究では3因子となった。なお、共通性は回転前のものであり、回転前の説明率は50.88%であった。藤本・大坊（2007）の結果を参照し、それぞれ第Ⅰ因子を他者受容因子（8項目，α = .87）、第Ⅱ因子を表現力因子（8項目，α = .82）、第Ⅲ因子を解読力因子（4項目，α = .90）と命名した。α係数は高く十分な内的一貫性がみとめられたため、下位尺度の合計得点をそれぞれ算出した。

3.3.7 他の尺度の信頼性

大西（2008）の特性罪悪感尺度のうち、関係維持のための罪悪感因子と、鈴木・小塩（2002）の対人的傷つきやすさ尺度は、それぞれ1因子構造のため、因子分析は行わなかった。内的一貫性を検討するためにChronbachのα係数を算出したところ、関係維持のための罪悪感因子はα = .87、対人的傷つきやすさ尺度はα = .93という結果が得られた。十分な信頼性が確認されたため、合計得点をそれぞれ算出し、今後の分析に用いることにした。

Table 3-6　ENDCOREs 尺度の因子分析（最尤法、プロマックス回転）

	I	II	III	共通性	平均値	標準偏差
第I因子　他者受容（α=.87）						
19 相手の意見をできるかぎり受け入れる	.74	-.26	.03	.58	4.93	1.15
21 人間関係を第一に考えて行動する	.74	.00	-.01	.67	4.95	1.39
22 人間関係を良好な状態に維持できるように心がける	.72	.11	-.01	.69	5.18	1.22
17 相手の意見や立場に共感する	.71	-.15	.20	.64	4.68	1.21
20 相手の意見や立場を尊重する	.69	-.22	.00	.49	5.06	.96
18 友好的な態度で相手に接する	.60	.27	.05	.59	4.94	1.30
23 意見の対立による不和に適切に対処する	.57	.32	-.11	.71	4.29	1.19
24 感情的な対立による不和に適切に対処する	.50	.39	-.13	.69	4.24	1.31
第II因子　表現力（α=.82）						
5 自分の考えを言葉でうまく表現する	-.25	.81	.01	.62	3.46	1.46
6 自分の気持ちをしぐさでうまく表現する	-.08	.67	.06	.62	3.82	1.35
16 自分の主張を論理的に筋道を立てて説明する	.02	.63	.02	.48	3.80	1.49
8 自分の感情や心理状態を正しく察してもらう	.01	.56	.16	.53	3.65	1.25
14 まわりとは関係なく自分の意見や立場を明らかにする	.13	.56	-.10	.46	4.02	1.28
13 会話の主導権を握って話を進める	-.32	.53	.00	.36	3.63	1.51
7 自分の気持ちを表情でうまく表現する	.10	.48	.11	.51	4.21	1.48
15 納得させるために相手に柔軟に対応して話を進める	.21	.47	-.01	.57	4.22	1.26
第III因子　解読力（α=.90）						
10 相手の気持ちをしぐさから正しく読み取る	-.09	.03	.97	.82	4.69	1.22
11 相手の気持ちを表情から正しく読み取る	.06	-.01	.87	.78	4.86	1.15
12 相手の感情や心理状態を敏感に感じ取る	.11	-.03	.79	.69	4.98	1.22
9 相手の考えを発言から正しく読み取る	.00	.19	.59	.56	4.61	1.14

因子間相関

	I	II	III
I	—	.30	.46
II		—	.37
III			—

3.3.8　基礎統計

以上の分析をふまえ、本研究で使用する変数の基礎統計と相関行列、性差の t 検定結果を示す（Table 3-7, 3-8, 3-9, 3-10）。

気遣い尺度の性差の検討を行うため、各下位尺度得点について、t 検定を行った（Table 3-10）。その結果、向社会的気遣いは、男性よりも女性の方が有意に高い得点を示していた（$t(253) = 5.52, p < .001$）。抑制的気遣いについては、有意な差は見られなかった（$t(253) = 1.37, n.s.$）。向社会的気遣いは向社会的行動に近い概念であり、向社会的行動は男性よりも女性の方がよく行

第3章 友人への気遣いの規定因:気遣い尺度の作成と妥当性の検討

Table 3-7 第3章基礎統計

変数名	度数	平均値	標準偏差	最小値	最大値
向社会的気遣い	258	44.36	6.47	23.00	56.00
抑制的気遣い	258	32.22	7.27	7.00	49.00
利他的理由	258	30.17	5.95	6.00	42.00
防衛的理由	258	30.76	7.30	7.00	49.00
集団主義	131	58.21	10.29	25.00	79.00
競争的個人主義	131	44.36	10.75	8.00	72.00
主張的個人主義	131	19.05	5.82	4.00	35.00
対人的傷つきやすさ	131	39.48	9.95	10.00	60.00
関係維持のための罪悪感	131	17.91	5.02	7.00	30.00
共感的関心	127	47.15	7.33	13.00	60.00
個人的苦痛	127	16.86	4.76	5.00	25.00
気持ちの想像	127	18.78	4.37	8.00	25.00
他者受容	127	38.27	7.07	12.00	56.00
表現力	127	30.80	7.33	12.00	51.00
解読力	127	19.13	4.14	7.00	28.00

Table 3-8 第3章相関行列 (*n*=131)

	2	3	4	5	6	7	8	9
1 向社会的気遣い	.40***	.64***	.27**	.51***	.02	−.15	.31***	.14
2 抑制的気遣い	―	.41***	.44***	.39*	.06	−.28**	.12	.35***
3 利他的理由		―	.49***	.58***	.12	−.13	.40***	.31***
4 防衛的理由			―	.24**	.39***	−.07	.28**	.38***
5 集団主義				―	.07	−.07	.31***	.24**
6 競争的個人主義					―	.25**	.22*	.25**
7 主張的個人主義						―	−.39***	−.28***
8 対人的傷つきやすさ							―	.41***
9 関係維持のための罪悪感								―

*$p<.05$, **$p<.01$, ***$p<.001$

うことは従来の研究で指摘されていた(太田・米澤,2012)。本研究で新しく見出された抑制的気遣いでは男女差はないことから、大学生全体の傾向として結果を捉えるため、抑制的気遣いの方の結果を重視し、男女込みのデータを以降の分析で用いることにした。

Table 3-9　第3章相関行列（n=127）

	2	3	4	5	6	7	8	9	10
1 向社会的気遣い	.33***	.50***	.00	.51*	.01	.34***	.51***	.28**	.48***
2 抑制的気遣い	—	.43***	.39***	.23**	.16	.23**	.27**	-.06	.16
3 利他的理由		—	.42***	.35***	.15	.23*	.39**	.22*	.31***
4 防衛的理由			—	-.01	.26**	.16	.01	-.09	-.02
5 共感的関心				—	.25**	.50***	.53***	.06	.26**
6 個人的苦痛					—	.32***	-.05	-.29**	.01
7 気持ちの想像						—	.26**	.05	.16
8 他者受容							—	.30**	.47***
9 表現力								—	.38***
10 解読力									

*$p<.05$, **$p<.01$, ***$p<.001$

Table 3-10　気遣い尺度の性差による t 検定

	男性（n=87）		女性（n=168）		t 値
	M	SD	M	SD	
向社会的気遣い	41.39	6.83	45.87	5.76	5.52***
抑制的気遣い	31.33	7.54	32.65	7.13	1.37 n.s.

***$p<.001$

3.3.9　気遣いの規定因の検討

本研究では、文化的要因やパーソナリティ要因が、気遣いの理由と行動に影響するという仮説モデルについて、パス解析を用いて検証を行った。なお、調査協力者の負担を考慮して、規定因を2つに分割し、それぞれ異なる対象者に調査を実施したため、分割された規定因ごとに結果を示す。

3.3.9.1　文化的要因、傷つきやすさ、罪悪感と気遣いの関連

文化的要因、対人的傷つきやすさ、関係維持のための罪悪感を説明変数、気遣う理由を媒介変数、気遣い行動を目的変数として、パス解析を行なった（Figure 3-1）。

説明力のない変数を省略した最終モデルの結果では、適合度指標は

第3章　友人への気遣いの規定因：気遣い尺度の作成と妥当性の検討　83

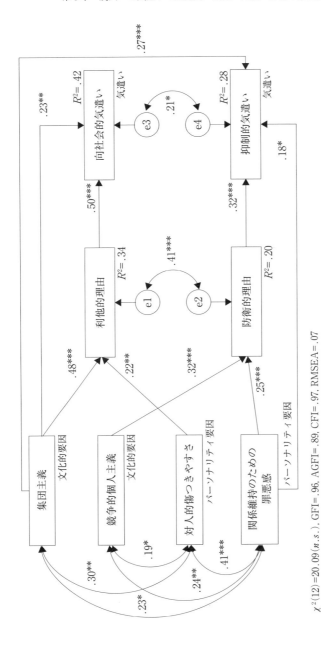

Figure 3-1　パス解析の結果

$\chi^2(12)=20.09(n.s.)$, GFI=.96, AGFI=.89, CFI=.97, RMSEA=.07
$*p<.05$, $**p<.01$, $***p<.001$

$\chi^2(12) = 20.09(n.s.)$, GFI=.96, AGFI=.89, CFI=.97, RMSEA=.07であり、RMSEAはやや大きいが、許容範囲の適合度が得られたと判断した。

利他的理由は、集団主義と対人的傷つきやすさから正の影響を受けていた（パス係数はそれぞれ.48,.22）。防衛的理由は、競争的個人主義と関係維持のための罪悪感から正の影響を受けていた(.32,.25)。また、向社会的気遣いは、集団主義と利他的理由から正の影響を受けていた(.23,.50)。抑制的気遣いは、防衛的理由と関係維持のための罪悪感、集団主義から正の影響を受けていた(.32,.18,.27)。

3.3.9.2 共感性、コミュニケーション・スキルと気遣いの関連

共感性とコミュニケーション・スキルを説明変数、気遣う理由を媒介変数、気遣い行動を目的変数として、パス解析を行なった（Figure 3-2）。

説明力のない変数を省略した最終モデルの結果では、適合度指標は$\chi^2(12) = 18.30(n.s.)$, GFI=.96, AGFI=.90, CFI=.97, RMSEA=.07であり、RMSEAはやや大きいが、許容範囲の適合度が得られたと判断した。

利他的理由は、共感的関心と他者受容、表現力から正の影響を受けていた（パス係数はそれぞれ.27,.19,.19）。防衛的理由は、個人的苦痛から正の影響を受けていた(.19)。また、向社会的気遣いは、利他的理由と共感的関心、他者受容、表現力から正の影響を受けていた(.30,.29,.17,.16)。抑制的気遣いは、利他的理由と防衛的理由から正の影響を受けていた(.31,.28)。

3.4 考察

3.4.1 気遣い尺度の信頼性と妥当性

本研究では、現代大学生が友人に対して行う気遣いにはどのような内容が含まれるのかについて、探索的に検討を行なった。因子分析の結果、向社会的気遣いと抑制的気遣いの2因子があることが示された（Table 3-1）。いず

第3章　友人への気遣いの規定因：気遣い尺度の作成と妥当性の検討　85

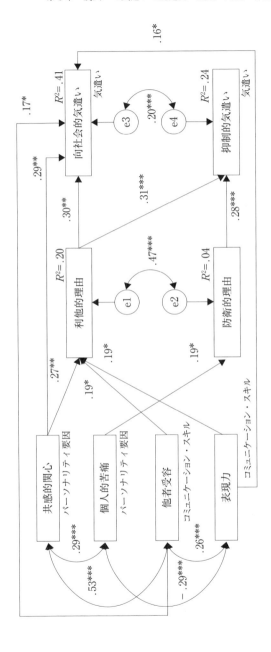

Figure 3-2　パス解析の結果

$\chi^2(12) = 18.30 (n.s.)$, GFI=.96, AGFI=.90, CFI=.97, RMSEA=.07
$*p < .05$, $**p < .01$, $***p < .001$

れの因子も α = .87であり、高い内的一貫性を有することが確認された。第1章では字義的・理論的検討から、気遣いを「相手および相手との関係のために行われる向社会的行動、あるいは自己防衛および関係維持のために本心を隠す抑制的行動」と定義したが、因子分析の結果は、この定義に沿うものであったと考えられる。

　質問項目の内容を詳しく見ると（Table 3-1）、向社会的気遣いの内容は、友人が困っているときに援助するものが多く（例「23 友人が悩んでいるようだったので、話を聞く」）、これらは、相手のために行われる向社会的行動であると考えられる。また「9 友人が自宅に遊びにきた時は、一生懸命もてなす」「21 友人がよく喋るときは、よくうなずいてあげる」は友人関係を盛り上げ、強めようとする内容であり、相手との関係のために行われる向社会的行動と見なすことができる。向社会的気遣いは、行動として表出されているものがほとんどであった。

　一方、抑制的気遣いは、本心を隠して言わないという内容が多かった。「39 友人と話している時、友人を否定したくなっても言わないでおく」「35 友人と意見が合わない時、何も言わないで我慢する」が代表的な項目であったが、これらの場面で仮に本心を表出すると、友人との関係が悪化し、また口論となって相手から否定されたり嫌われたりする可能性がある。抑制的気遣いは、友人関係を維持するため、あるいは自己評価が低下することを防ぐために、相手や相手との友人関係に関する自身の否定的な感情や思考を表出しない行動であると考えられる。抑制的気遣いの内容は、ほとんどが行動として表出されない気遣いであった。ただし「37 友人が同意を求めているようだったら、本心でなくても同意してあげる」「24 友人と意見が合わなくても、同調してあげる」では、同意する・同調するという行動がとられてはいるが、本心とは逆の行動をとり、本心は隠しているという意味で、これらの内容も抑制的気遣いに該当する。

　なお本研究では、「あえて行動しないことがやさしさ」という現代的な付

き合い方の特徴（満野・三浦, 2009；坂井, 2006）が見られるかどうかの検討も、目的のひとつであった。向社会的気遣いのうち、「30 友人が落ち込んでいる時は、黙ってそばにいる」「6 友人が嫌な思いをしている時、さりげなく友人にとって楽しそうな話題に変える」は、友人の落ち込みや嫌な思いにあえて立ち入らないという意味で、「行動しないやさしさ」と見なすことができる。また抑制的気遣いに含まれてはいるが、「34 友人が言われたくなさそうな事は言わないでおく」は、文脈によっては「行動しないやさしさ」になることもあるだろう。

　ここでは気遣いへの直接効果に注目して検討するが、パス解析により、向社会的気遣いは利他的理由から、抑制的気遣いは防衛的理由から正の影響を受けるという予測通りの結果が得られた（Figure 3-1, 3-2）。ただし、利他的理由から抑制的気遣いへのパス（Figure 3-2）については改めて考察する。向社会的気遣いについては、共感的関心から正の影響が見られた（Figure 3-2）。先行研究（e.g., 登張, 2003）では、共感的関心と向社会的行動との正の関連が指摘されているため、本研究における向社会的気遣い因子は、他者志向的な思いやり行動としての妥当性があると言えるだろう。一方、抑制的気遣いは、関係維持のための罪悪感から正の影響を受けていることが示され、予測通りであった（Figure 3-1）。以上の結果は、本尺度の妥当性を示唆するものである。他の構成概念との関連については、以下で詳しく検討する。

3.4.2　向社会的気遣いの規定因

　向社会的気遣いは、利他的理由から正の影響を受けており（Figure 3-1, 3-2）、友人のためを思って行われていることが確認された。また共感的関心からは、向社会的気遣いへの直接効果も見られている。これらのことから、向社会的気遣いは、従来、向社会的行動や思いやり行動と言われていた概念と類似性が高いと考えられる。

　集団主義から利他的理由へのパスは、正で有意であった（Figure 3-1）。ま

た、集団主義から向社会的気遣いへのパスも、正で有意であった。これらの結果は、集団主義が利他的理由および向社会的気遣いを促進するという予測を支持している。周囲の他者との調和を重視する人が、友人のために気配りをすると考えられる。

コミュニケーション・スキルの他者受容と表現力は、利他的理由と向社会的気遣いを促進していた（Figure 3-2）。これらの結果は、コミュニケーション・スキルが利他的理由と向社会的気遣いを高めるという本研究の予測を支持している。人間関係を重要視し、自分の意見・感情をうまく表現できることが、友人関係における思いやりを可能にすると考えられる。

なお、対人的傷つきやすさは、利他的理由に正の影響を与えていた（Figure 3-1）。これは、予測とは逆の結果である。他者からネガティブな評価を受けた際に落ち込みやすい人は、ネガティブな評価を受けないように、利他的理由から他者に接する可能性があると推測される。しかしこの場合の「利他的行動」は、自己評価維持のためであり、本来の意味での利他的行動とは言えないであろう。

以上の結果から、向社会的気遣いの促進因としては、共感的関心、集団主義、コミュニケーション・スキルが重要であることが明らかになった。

3.4.3 抑制的気遣いの規定因

抑制的気遣いは、防衛的理由から正の影響を受けていた（Figure 3-1, 3-2）。抑制的気遣いは、自分が傷ついたり、友人関係が悪化するのを避けるために行われている。この結果は、抑制的気遣いが防衛的理由から行われるという本研究の予測と合致している。

関係維持のための罪悪感は、防衛的理由および抑制的気遣いに正の影響を与えていた（Figure 3-1）。すなわち、相手への批判や要求をする際に、関係の悪化を懸念して罪悪感を抱きやすい人は、「後々面倒なことになるのを防ぐため」に自分の本心を隠す傾向がある。この結果は、抑制的気遣いが友人

関係の維持のために行われるという、本論文の気遣いの定義を支持するものと考えられる。

　個人的苦痛は、防衛的理由へ正の影響を与えていた（Figure 3-2）。さらに、個人的苦痛→防衛的理由→抑制的気遣いというパスが見られた。この結果は、他者の窮状に直面して、どうしていいかわからない時、「そうするしかないから」「それしかできないから」という理由で、何も言わずに終わってしまうことがあることを意味している。個人的苦痛を低減するために向社会的行動がとられることもあるが、それは、その場面から逃れられない場合に限られることが指摘されている（Batson, 1991）。他者の窮状に直面しても何もできない場合には、自分自身が傷つかないため、すなわち自己防衛のために、何もしないという結果になると考えられる。

　なお、予測されてはいなかったが、防衛的理由については、競争的個人主義との関連が見出された。他者より物事を上手くこなそうとする競争的個人主義の人は、仕事だけでなく、対人関係でも失敗しないよう、上手く立ち回ることを意識するだろう。その結果、対人関係で失敗することのリスクを回避しようとする意識が強まるものと考えられる。

　他方、本研究では、防衛的理由によるものではない抑制的気遣いもあり得るという結果が得られている。先述のように、利他的理由から抑制的気遣いへの正のパスが見られた（Figure 3-2）。利他的理由の規定因も含めると、共感的関心や他者受容、表現力が高いと利他的理由が強く意識され、その結果、本心を隠す気遣いが行われることになる。共感的関心とは、他者志向の温かい気持ちであった。他者受容とは、コミュニケーションにおける相手本位の姿勢であった。これらが利他的理由を媒介して抑制的気遣いをもたらすということは、抑制的気遣いが相手のために行われる場合もあることを意味する。なお、Figure 3-1 ではパスは有意ではなかったが、利他的理由と抑制的気遣いの相関係数は有意であった（Table 3-8；$r = .41$）。

　また、集団主義から抑制的気遣いに直接正のパスが示されたことは注目さ

れる（Figure 3-1）。集団主義（Triandis, 1995）は、集団の目標を個人の目標より上位に置く傾向であるため、抑制的気遣いには、相手との関係が悪化しないように遠慮している面だけではなく、周囲との調和を志向し、友人関係を円滑化する機能もある可能性は否定できない。

抑制的気遣いが利他的理由や集団主義から行われるというこれらの結果は、抑制的気遣いが、相手や友人関係のためによかれと思って行われる場合もあることを意味している。「行動に表れない思いやり」（坂井，2006）には、利他的理由による抑制的気遣いも含まれるのではないかと考えられる。

3.4.4 まとめと課題

本研究の目的は、現代大学生が友人に対して行う気遣いの諸側面を測定できる尺度を作成し、その信頼性・妥当性を検討することであった。妥当性の検討のために、気遣いの規定因として、文化的要因やパーソナリティ要因の影響を調べた。

本研究の結果から、現代大学生が行う気遣いには、従来の思いやり行動と類似性の高い向社会的気遣いと、自分の本心を隠す抑制的気遣いの2因子があることが示された。各因子の信頼性係数は高く、また想定される他の構成概念との関係もほぼ予測通りであったことから、本研究で作成した「大学生の友人関係における気遣い」尺度は、一定の信頼性と妥当性を有していると考えられる。結局、向社会的気遣いが12項目、抑制的気遣いが13項目の計25項目から成る気遣い尺度を作成することができた。気遣いの2因子の内容は、本論文における気遣いの定義、すなわち「相手および相手との関係のために行われる向社会的行動、あるいは自己防衛および関係維持のために本心を隠す抑制的行動」と対応するものであった。

本研究の結果から、現代大学生が友人に対して行う気遣いには、従来指摘されて来た、心配や懸念といったネガティブな意味合いだけでなく、相手を思いやる内容も含まれていることが明らかになった。なお、抑制的気遣いに

は、トラブルや葛藤を避ける自己防衛的な面に加え、利他的な理由から行われる協調的な面もあることが示された。

　本研究では、友人関係における気遣いの規定因を検討した。次の課題としては、気遣いが友人関係や適応状態に与える影響を検討する必要があると考えられる。その際、気遣いの種類によって、友人関係の親密さ・希薄さや、友人満足度、ストレス反応に違いが見られるかどうかが注目される。

第4章 友人への気遣いが友人関係、親友満足感、ストレス反応に与える影響

4.1 本章の問題と目的

　本章では、本論文の第4の目的である、友人関係における気遣いの影響の検討を行う。第3章で、現代大学生が友人に対して行う気遣いには、向社会的気遣いと抑制的気遣いの2因子があることが見出されたが、気遣いの2因子が友人関係や適応状態に及ぼす影響の検討は、今後の課題となっていた。そのため本章では、気遣いと、友人とのつきあい方および適応指標との関連を検討する。適応指標としては、親友満足感とストレス反応を用いる。

　Lazarus & Folkman (1984 本明・織田・春木訳 1991) は心理学的ストレスモデルを提唱し、心理学的ストレスを「個人が、その環境を、自分の持つ資源以上の重荷を負わせるもので、自分の安寧を脅かしていると評価した場合の、個人と環境との特別な関係」と定義した。その個人の評価によって、ストレス状況は異なる。ストレッサー、認知的評価、コーピング、ストレス反応という4つの部分でモデルは構成されている。

　大学生の友人関係においても、友人関係のコストが大きく、自分の安寧を脅かしていると評価された場合には、友人関係はストレス状況になり得る。友人関係維持のために本心を隠す抑制的気遣いは、友人関係のコストであり、気を遣う友人関係の負担が過大となれば、ストレス反応が生じることが推測

付記　本章の内容は、既発表論文のデータを再分析し、加筆・再構成したものである。
満野史子・今城周造 (2013). 大学生の友人に対する気遣いとストレス・友人満足感の関連　日本教育心理学会第55回大会発表論文集, 272.

大学生のストレス反応として、尾関・原口・津田（1994）は、情動的側面（抑うつ、怒り、不安）と、認知・行動的側面（認知的混乱・引きこもり）、身体的側面（身体的疲労感・自律神経系の活動性亢進）の7因子を見出している。また金子・関根（2006）は、学生相談室に来室する大学生は、意欲減退、情緒不安定、体調不良等のストレス反応をよく訴えることを報告している。ストレス反応の原因としては、学業、進路、友人関係、家庭環境等が挙げられている。ストレス反応の原因について、Bolger, et al.（1989）は、対人関係に由来するストレスは、家事や仕事などの過重負担や経済問題といった日常ストレッサーの中でも最もストレスを感じるものであり、その悪影響は他のストレッサーよりも持続しやすいことを報告している。大学生の対人関係の中で、友人関係は大きな比重を占めるものであり、友人関係にストレスを感じている場合、その悪影響は深刻なものになり得ると考えられる。

　一方、第2章では友人との付き合い方と友人満足度の関連を検討したが、その結果は、気を遣う友人関係が友人満足度を下げる可能性を示唆していた（Figure 2-2参照）。ただし、パス係数は有意であったが、それに対応する相関係数 r はほぼ0であり（Table 2-6）、気遣いと満足度の関係については、友人関係における気遣い尺度を作成した上で、再検討することが今後の課題となっていた。本研究では、第3章で作成した気遣い尺度を用いて、気遣いと友人関係満足度との関係を再検討する。

　第1に、抑制的気遣いは、友人関係を維持するためのコストであるため、抑制的気遣いの増大は、友人関係満足度を低減させると考えられる。一方、抑制的気遣いは、自己評価の低下や、友人との葛藤を回避するために行われており、これらのネガティブ事象の回避は、報酬になる。すなわち、抑制的気遣いは自体はコストであるが、それがもたらすものは報酬である。抑制的気遣いのコストに見合う報酬が得られなければ、抑制的気遣いは友人満足度の低下をもたらすだろう。しかし、気遣いのコストを上回る報酬が得られれ

ば、抑制的気遣いが友人満足度を増大させることもあり得ると考えられる。このように、抑制的気遣いと友人満足度との関係は複雑であり、予測は容易ではないが、少なくとも、ストレス反応が生じているほど抑制的気遣いが強い場合には、友人満足度は低下するものと推測される。

　第2に、向社会的気遣いは、友人関係満足度を高めると考えられる。向社会的気遣いは、文字通り、向社会的行動と類似する概念であり、友人関係における向社会的行動と位置づけることもできる。向社会的行動は、「他人との気持ちのつながりを強めたり、それをより望ましいものにしようとする場合にとられる行動（菊池, 1998）」であるため、向社会的行動は親密な関係を促進するものと考えられる。従って、向社会的気遣いも関係の親密さを増大させ、友人満足感を高めることが予想される。ただし、向社会的行動をよく行う者で、過剰適応の傾向も高い者は、不合理な信念を強く持ち、精神的健康度が低いことが報告されている（金築・金築, 2010）。この知見は、過度の向社会的気遣いは友人満足度を低下させること、すなわち向社会的気遣いと友人満足度には、曲線的関係があり得ることを示唆している。

　本研究では、第1に、気遣いの2因子が友人関係に及ぼす影響を検討する。向社会的気遣いは、親密な友人関係をもたらすと予測される。一方、抑制的気遣いは、第2章で見られた関係悪化を回避する関係をもたらすと予測される。

　第2に、気遣いの2因子が適応状態に及ぼす影響を詳しく検討する。適応指標としては友人満足感尺度（加藤, 2001）とストレス反応尺度（尾関他, 1994）を用いる。加藤（2001）の友人満足感尺度は、「その友人を心から親友と呼べる」など、親密な友人関係からくる満足感を測定しているため、本研究では親友満足感の測度として扱う。向社会的気遣いは、親密な関係をもたらし、親友満足感を増大させることが予測される。一方、抑制的気遣いは、関係悪化を回避する関係をもたらし、親友満足感を減少させ、様々なストレス反応を増大させると予測される。

4.2 方法

調査対象者

都内にある共学大学2校の学生305名を調査対象とした。その305名のうち、欠損値のない260名（男性123名，女性132名，不明5名，$M=19.93$歳，$SD=1.08$）を分析対象とした。

調査時期

2012年12月。

手続き

授業時間の一部を利用して、調査を集団実施後、質問紙を回収した。質問紙には、回答は任意であり匿名性が保証されることを明記し、配布する前にも口頭で同様の教示を行った。

調査内容

（1）フェイスシート

学年、学科、年齢、性別を尋ねた。

（2）友人への気遣い

第3章で作成した、友人への気遣い尺度（25項目）を用いた。7件法（1 全くあてはまらない－7非常によくあてはまる）で尋ねた。

（3）友人との付き合い方

岡田努（1995）の友人関係尺度は、現代青年に特有な友人関係の取り方を測定するもので、気遣い、群れ、ふれあい回避の3つの下位尺度から成る（17項目）。本研究では、大学生の友人関係を包括的に捉えるために、岡田努（1995）が作成した友人関係尺度に、筆者が独自に作成した親密項目と孤立項目を追加して使用した。友人との付き合い方の測定は、第2章と同じである。25項目について6件法（1：全くあてはまらない－6：非常によくあてはまる）で回答を求めた。

（4）ストレス指標

大学生のストレス反応を測定するため、ストレス反応尺度（尾関他，1994）を用いた。この尺度は、抑うつ、不安、怒り、認知的混乱、引きこもり、身体的疲労感、自律神経系の活動性亢進の7因子によって構成されている。全35項目について、4件法（0あてはまらない－3非常にあてはまる）で回答を求めた。

（5）親友満足感

友人関係における満足感を測定するため、友人満足感尺度（加藤，2001）を用いた。6項目を6件法（1全くあてはまらない－6非常によくあてはまる）で尋ねた。「その友人に受け入れられていると感じる」「その友人を心から親友と呼べる」など親密な関係を想定している項目が多いため、本研究では親友満足感として扱う。

4.3　結果

4.3.1　友人への気遣い尺度の確認的因子分析

友人への気遣い尺度の交差妥当性を確認するために、確認的因子分析を行った（Table 4-1）。分析にはAmos21を用い、因子間の相関を仮定した。初期の分析では適合度が十分ではなかったため、因子負荷が.50を下回った項目は除外した。各項目の因子負荷は、想定された因子で大きくなっている。項目番号は調査時の項目番号に準じている。適合度指標は$\chi^2(85)=168.32$ ($p<.001$), GFI=.92, AGFI=.89, CFI=.95, RMSEA=.06であり、RMSEAはやや大きいが、許容範囲の適合度が得られたと判断した（なお、修正指標を参考に、誤差間に相関を4個仮定したが、これによる因子構造の変化はなかった）。第3章の結果と同じ2因子構造が確認されたため、下位尺度の合計得点をそれぞれ算出した。

Table 4-1 気遣い尺度の確認的因子分析

	I	II	平均値	標準偏差
第I因子　向社会的気遣い（α=.81）				
17 友人が悩んでいるようだったので、相談に乗る	.84		5.76	1.04
10 友人が困っているようだったので、手を貸す	.82		4.93	1.40
13 友人が困っているようだったので、助言をする	.75		5.37	1.08
1 友人が悩んでいるようだったので、話を聞く	.71		5.90	1.03
3 友人が落ち込んでいるようだったので、励ます	.70		5.74	1.02
14 友人が具合悪そうな時、介抱してあげる	.59		5.62	1.06
11 友人が何かいつもと様子が違ったので、声をかける	.58		5.31	1.25
8 友人が自宅に遊びにきた時は、一生懸命もてなす	.57		5.30	1.29
第II因子　抑制的気遣い（α=.84）				
24 友人と話している時、友人を否定したくなっても言わないでおく		.81	4.40	1.39
25 友人に言いたいことがある時、友人が気分を害するようなことは言わないでおく		.70	4.90	1.41
22 友人と意見が合わない時、何も言わないで我慢する		.69	4.07	1.42
23 友人が同意を求めているようだったら、本心でなくても同意してあげる		.69	4.47	1.35
16 友人と意見が合わなくても、同調してあげる		.66	4.57	1.55
12 友人の好きなものに興味がなくても、興味がなさそうな態度はとらないでおく		.52	4.92	1.46
9 友人がつまらない話をしていても、つまらないと言わないで聞いてあげる		.50	5.36	1.35
因子間相関	I	II		
I	—	.38		
II		—		

4.3.2　友人関係尺度の確認的因子分析

友人関係尺度の交差妥当性を確認するために、確認的因子分析を行った (Table 4-2)。分析には Amos21 を用い、因子間の相関を仮定した。各項目の因子負荷は、想定された因子で大きくなっている。項目番号は調査時の項目番号に準じている。適合度指標は $\chi^2(23) = 59.95 (p < .001)$, GFI = .95, AGFI = .91, CFI = .95, RMSEA = .08 であり、RMSEA はやや大きいが、許容範囲の適合度が得られたと判断した（なお、修正指標を参考に、誤差間に相関を3個仮定したが、これによる因子構造の変化はなかった）。第2章の結果と同じ2因子構造が確認されたため、下位尺度の合計得点をそれぞれ算出した。

Table 4-2 友人関係尺度の確認的因子分析

	I	II	平均値	標準偏差
第I因子 親密（α=.77）				
18 必要に応じて友人を頼りにする†	.83		4.74	1.05
19 悩み事は友人に相談する†	.71		4.07	1.41
17 真剣な議論をすることがある	.65		4.34	1.26
4 心を打ち明ける	.46		4.02	1.24
25 悩みなど相談できる人がいない*†	.40		4.64	1.34
第II因子 関係悪化回避（α=.74）				
15 相手の考えていることに気をつかう		.86	4.36	1.07
14 互いに傷つけないように気をつかう		.74	4.14	1.09
10 楽しい雰囲気になるよう気をつかう		.56	4.52	1.06
13 友達グループのメンバーからどう見られているか気になる		.49	3.76	1.39
因子間相関	I	II		
I	—	.40		
II		—		

*印は逆転項目。†は筆者による追加項目。

4.3.3 ストレス反応尺度の因子分析

　ストレス反応尺度について因子分析（最尤法、プロマックス回転）を行った（Table 4-3）。スクリープロットの結果から4因子を抽出した。尾関他（1994）のストレス反応尺度では、抑うつ因子、不安因子、怒り因子、認知的混乱因子、引きこもり因子、身体的疲労感因子、自律神経系の活動性亢進因子の7因子構造であったが、本研究では4因子となった。なお、共通性は回転前のものであり、回転前の説明率は54.54％であった。尾関他（1994）の結果を参照し、第I因子は「話しや行動にまとまりがない」「体が疲れやすい」など、混乱や疲労を感じさせる項目が多かったため、認知的混乱・身体疲労感因子と命名した（10項目、α=.89）。第II因子は「不安を感じる」など、不安や抑うつに関する項目が多かったため、不安因子と命名した（7項目、α=.90）。第III因子は「不機嫌で怒りっぽい」など、怒りをうかがわせる内容が多かったため、怒り因子と命名した（5項目、α=.88）。第IV因子は「動悸がする」など、自律神経が亢進している状態をうかがわせる内容が多かったため、自律神経系の活動性亢進因子と命名した（5項目、α=.85）。いずれも

Table 4-3 ストレス反応尺度の因子分析（最尤法、プロマックス回転）

	I	II	III	IV	共通性	平均値	標準偏差
第I因子　認知的混乱・身体的疲労感（α=.89)							
16 頭の回転が鈍く、考えがまとまらない	**.88**	.06	-.07	-.13	.62	1.13	1.07
24 何も手につかない	**.71**	-.10	.10	.02	.51	.54	.86
18 話しや行動にまとまりがない	**.70**	.05	-.14	.04	.51	.93	1.01
32 動作が鈍い	**.65**	.07	-.13	.14	.56	.60	.91
20 根気がない	**.59**	.09	.06	-.08	.47	1.05	1.06
26 体が疲れやすい	**.55**	.08	.15	-.06	.57	1.52	1.11
22 行動に落ち着きがない	**.53**	-.15	.15	.11	.47	.78	.99
28 体がだるい	**.53**	-.02	.16	.05	.59	1.20	1.12
30 脱力感がある	**.47**	.01	.05	.24	.57	.90	1.03
21 自分の殻に閉じこもる	**.47**	.14	-.02	.17	.53	.82	1.02
第II因子　不安（α=.90）							
14 気がかりである	-.09	**.83**	.00	-.04	.54	1.35	1.11
11 恐怖心をいだく	-.07	**.81**	-.03	.17	.71	.65	.92
5 不安を感じる	.14	**.78**	-.06	-.23	.58	1.67	1.05
2 重苦しい圧迫感を感じる	.08	**.68**	.08	-.11	.56	1.20	1.04
8 びくびくしている	.17	**.64**	-.16	.13	.62	.72	.98
13 気分が落ち込み、沈む	.02	**.56**	.31	-.01	.70	1.13	1.05
10 心が暗い	.01	**.56**	.22	.08	.64	.98	1.04
第III因子　怒り（α=.88）							
3 不機嫌で、怒りっぽい	.21	-.07	**.85**	-.14	.67	.89	.93
6 怒りを感じる	-.14	-.04	**.82**	.14	.58	.71	.86
15 いらいらする	.12	-.08	**.79**	-.02	.62	.98	1.01
9 憤まんがつのる	-.06	.19	**.61**	-.01	.57	.65	.89
12 不愉快な気分だ	-.11	.28	**.54**	.17	.65	.78	.95
第IV因子　自律神経系の活動性亢進（α=.85）							
29 動悸がする	.03	-.04	.03	**.81**	.63	.31	.68
27 呼吸が苦しくなる	.08	.09	-.08	**.74**	.63	.40	.75
31 吐き気がする	.03	-.03	-.06	**.73**	.50	.27	.67
33 胸部がしめつけられる感じがする	.05	.04	-.01	**.70**	.57	.33	.71
35 耳鳴りがする	-.06	-.18	.18	**.63**	.40	.34	.75

因子間相関

	I	II	III	IV
I	—	.66	.52	.61
II		—	.61	.59
III			—	.50
IV				—

α係数の値が大きく、十分な信頼性が確認されたため、合計得点をそれぞれ算出し、今後の分析に用いることにした。

4.3.4 他の尺度の信頼性

加藤（2001）の友人満足感尺度は1因子構造のため、因子分析は行わなかった。内的一貫性を検討するためにChronbachのα係数を算出したところ、α = .85という結果が得られた。十分な信頼性が確認されたため、合計得点を算出した。

4.3.5 基礎統計

以上の分析をふまえて、モデルの検証に使用する変数の基礎統計と相関行列を示す（Table 4-4, 4-5）。

Table 4-4　第4章基礎統計

変数名	度数	平均値	標準偏差	最小値	最大値
向社会的気遣い	260	44.30	6.67	8.00	56.00
抑制的気遣い	260	32.69	7.09	7.00	49.00
親密	260	21.82	4.57	9.00	30.00
関係悪化回避	260	16.78	3.49	4.00	24.00
親友満足感	260	25.23	5.35	6.00	36.00
認知的混乱・身体的疲労感	260	9.45	7.23	0.00	30.00
不安	260	7.70	5.66	0.00	21.00
怒り	260	4.01	3.82	0.00	15.00
自律神経系の活動性亢進	260	1.64	2.81	0.00	15.00

Table 4-5　第4章相関行列

	2	3	4	5	6	7	8	9
1 向社会的気遣い	.27***	.53***	.35***	.31***	−.06	−.08	.03	.02
2 抑制的気遣い	—	.09	.41***	.17**	.10	.14*	.05	.06
3 親密		—	.26***	.60***	−.13*	−.13*	−.02	−.08
4 関係悪化回避			—	.19**	.19**	.25***	.17**	.25***
5 親友満足感				—	−.21**	−.25**	−.26**	.00
6 認知的混乱・身体的疲労感					—	.66***	.55***	.58***
7 不安						—	.64***	.53***
8 怒り							—	.48***
9 自律神経系の活動性亢進								—

*$p<.05$, **$p<.01$, ***$p<.001$

4.3.6 気遣いと友人との付き合い方、親友満足感、ストレス反応との関連

気遣いを説明変数、友人との付き合い方を媒介変数、親友満足感とストレス反応を目的変数として、パス解析を行なった (Figure 4-1)。

説明力のない変数を省略した最終モデルの結果では、適合度指標は $\chi^2(15) = 20.42(n.s.)$, GFI = .98, AGFI = .95, CFI = .99, RMSEA = .04 であり、十分な適合度が得られた。

向社会的気遣い因子から、親密因子と関係悪化回避因子に正の影響が見られた（パス係数はそれぞれ .53, .26）。抑制的気遣い因子から関係悪化回避因子と親友満足感に正の影響が示された (.34, .13)。親密因子は親友満足感因子に正の影響、認知的混乱・身体的疲労感因子、不安因子に負の影響を与えていた (.59, -.10, -.14)。関係悪化回避因子は、認知的混乱・身体疲労感因子、不安因子、怒り因子、自律神経系の活動性亢進因子に正の影響を与えていた (.21, .28, .17, .25)。

4.4 考察

4.4.1 気遣いが友人関係および適応状態に及ぼす効果

向社会的気遣いは、親密な関係をもたらした (Figure 4-1)。この結果は、本研究の予測に沿うものである。先述のように、菊池 (1998) は、向社会的行動を「他人との気持ちのつながりを強めたり、それをより望ましいものにしようとする場合にとられる行動」と定義し、対人関係を促進する要因として捉えている。本研究の結果は、友人関係における向社会的行動―向社会的気遣いが、友人関係の親密化を促進することを示しており、菊地 (1998) の指摘と合致するものであった。

一方、関係悪化を回避する関係の規定因については、本研究で予測しなかったものも含まれていた。関係悪化回避は、抑制的気遣いと向社会的気遣いの両方から、正の影響を受けている（パス係数はそれぞれ .34, .26）。本研究で

第4章　友人への気遣いが友人関係、親友満足感、ストレス反応に与える影響　103

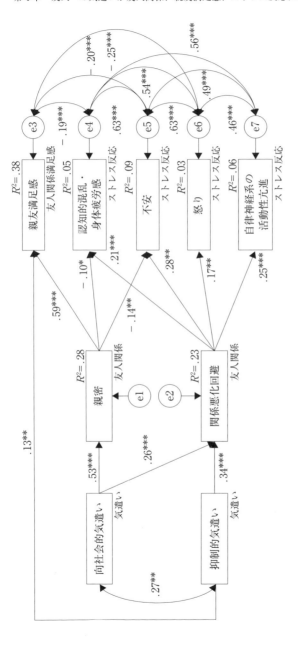

Figure 4-1　パス解析の結果

$\chi^2(15)=20.42(n.s.)$, GFI=.98, AGFI=.95, CFI=.99, RMSEA=.04
*$p<.05$, **$p<.01$, ***$p<.001$

は、抑制的気遣いが、関係悪化を回避する友人関係をもたらすと予測しており、前者については、予測通りの結果となった。しかし、向社会的気遣い→関係悪化回避のパスは想定していなかった。

　関係悪化を回避する関係は、希薄な友人関係として位置づけられるため、それに関連する気遣いの内容は、表面的な関係を求め、葛藤を避けるためのものと捉えていた。それゆえ、抑制的気遣い傾向が高いと、関係悪化を回避する関係になると予測したのであった。しかし、尺度の項目を改めて見ると、「相手の考えていることに気をつかう」という質問に「あてはまる」と答えた場合、その背景にある気遣いの内容としては、「意見が合わなくても我慢する」と「相手の意見に配慮する」の両方があり得る。後者は向社会的行動であり、向社会的気遣いと気を遣う友人関係に正の関連があり得ることを意味する。また、本研究で抽出された関係悪化回避因子は、「楽しい雰囲気になるよう気をつかう」という友人関係を促進する内容も含んでおり、向社会的気遣いと正の関連があっても不思議ではない。結論として、関係悪化を回避する友人関係は、抑制的気遣いだけでなく、向社会的気遣いからも正の影響を受けることがあると推察される。

4.4.2　気遣いが親友満足感に及ぼす効果

　親密な関係からは、親友満足感に正の影響があった（パス係数は.59）。すなわち、向社会的気遣いをするほど友人関係が親密になり、その結果、友人関係への満足感が高まる。向社会的気遣いは、友人関係における向社会的行動と位置づけられるため、友人関係を強め、より望ましくするために有効であるのはむしろ当然である。

　なお、抑制的気遣いから親友満足度へ、数値は小さいが正のパスが通っていることは注目される（パス係数は.13）。相関係数でも、両者の r は.17である。抑制的気遣いは、友人に対して本音があるのに言うのを控える等、本心を抑制しなければならず、友人関係におけるコストとなる。一方、抑制的気

遣いは、互いに傷つかないために行なわれるのではなく、むしろ相手との関係を壊さないために行なわれているとも言える。抑制的気遣いの結果、葛藤が回避され、友人関係を維持できれば、それは報酬となり、一定の満足感をもたらすと推測される。さらに、第3章では利他的な理由から抑制的気遣いが行われることも示されており、自己防衛のためではなく、相手を思いやった結果の抑制的気遣いであれば、さらに満足感につながる可能性は高いと考えられる。抑制的気遣いには、相手との関係を悪くしないよう遠慮している面だけではなく、周囲との無用な摩擦を避け、友人関係を円滑化する機能もある。本研究で見られた、抑制的気遣いから親友満足感への直接のパスは、まさに抑制的気遣いの友人関係円滑化機能を示していると考えられる。

4.4.3 気遣いがストレス反応に及ぼす効果

先述のように、抑制的気遣いと向社会的気遣いは、関係悪化回避の規定因となっていた。そしてこの気を遣う友人関係が、ストレス反応の不安因子、自律神経系の活動性亢進因子、認知的混乱・身体疲労感因子、怒り因子をそれぞれ増大させていた（Figure 4-1;.28, .25, .21, .17）。相関係数を見ると、向社会的気遣いとストレス反応に相関は見られない（Table 4-5）。向社会的気遣いは、関係悪化を回避する関係の規定因ではあるが、ストレス反応との関連は薄いと考えられる。一方、抑制的気遣いは、不安因子とは低い相関があった（$r=.14, p<.05$）。以上の結果は、向社会的にせよ抑制的にせよ、気遣いをするだけではストレス反応には直結しないが、それが関係悪化を回避する関係に発展すると、多様なストレス反応をもたらすことがありうることを意味している。

ただし、本研究で見られた大学生のストレス反応は、全体としてはかなり弱いものである。各項目の粗点の平均値は、4件法（0あてはまらない－3非常にあてはまる）で0.27～1.67の範囲に分布し、中立点に当たる1.5を超えるものは2項目にすぎない（Table 4-3）。合計点の平均値も、認知的混乱・身

体疲労感で9.45（得点可能範囲は0-30）、不安で7.70（0-21）、怒りで4.01（0-15）、自律神経系の活動性亢進で1.64（0-15）であった（Table 4-4）。全体にかなり低い数値であることは事実だが、個人差も大きく、どのストレス反応因子でも、得点可能範囲の上限の点数を示した対象者がいた。本研究では、大多数の対象者は問題となるようなストレス反応を示してはいないと考えられるが、ストレス反応の非常に高いごく一部の群の中に、友人関係に問題を抱えている人が含まれている可能性は否定できない。

なお不安因子は、合計点の平均値が他の因子より比較的高い水準にあり、また項目ごとの粗点の平均値が最大であったのも「不安を感じる」であった。さらに、関係悪化回避からのパスが最も大きいのも、抑制的気遣いとの相関が唯一有意であったのも、不安因子であった。抑制的気遣いおよび関係悪化を回避する友人関係がもたらすストレス反応としては、不安反応に注目することが有益であろう。

一方、親密な友人関係は、認知的混乱・身体疲労感と不安反応を低減させていた（−.10, −.14）。弱い傾向ではあるが、この結果は、大学生の適応において、友人関係が果たす重要な役割を改めて示唆するものと考えられる。

4.4.4 まとめと課題

本研究では、向社会的気遣いと抑制的気遣いが、それぞれどのような友人関係と関連するのか、さらに親友満足感やストレス反応にどのような影響を与えているのかを検討することが目的であった。気遣いの影響の多くは、予測通りとなり、友人関係における気遣い尺度の妥当性を支持する結果となった。顕著に見られたのは、向社会的気遣いが親密な友人関係を促進し、親密な関係は親友満足感を高めるという傾向であった。また、抑制的気遣いは、関係悪化を回避する友人関係に発展し、多様なストレス反応をもたらすことが示された。ただし抑制的気遣いが、関係悪化を回避する関係に発展せずに、親友満足度を増大させることがあるという結果も得られた。

本研究では気遣い行動とストレス反応の関係を検討したが、Lazarus & Folkman（1984 本明他訳 1991）のストレスモデルではこれ以外にもストレッサー、認知的評価、コーピングという概念が提案されている。友人関係における気遣いは、ストレッサーに対するコーピングそのものとは言えないが、本研究では、友人関係を媒介することでストレス反応を増大したり軽減する効果が見られた。また、気遣いが直接的に親友満足感を高める可能性も示唆された。それでは、対人ストレッサーが存在する時、気遣いは友人満足感の低下を防ぐために役立つだろうか。友人関係におけるストレッサーと気遣い、さらには適応指標との関連を検討することが、次の課題になると考えられる。

　また、本研究で用いた加藤（2001）の友人満足感尺度は、親密な友人関係における満足感を測定する内容であると考えられる。希薄な関係における友人満足感を測定するには、希薄な友人関係で人々が何を求めているかを考慮した尺度を用いる必要があるのではないだろうか。さらに、向社会的気遣いと抑制的気遣いをする程度は、相手が親友か、普通の友人かによって異なる可能性もあるだろう。いずれにしても、友人関係の親密さの程度を考慮に入れることが、次の課題になると考えられる。

第5章　気遣いとストレッサーおよび友人満足感との関連：友人関係の親密度に注目して

5.1　本章の問題と目的

　本章では引き続き、本論文の第3、第4の目的である、友人関係における気遣いの規定因と影響の検討を行う。規定因としてはストレッサー、影響としては友人満足感に注目する。その際、第1の目的で触れられていた、親友関係と希薄な関係とでは、友人満足感の内容が異なる可能性について検討する。さらに、友人への気遣いとその影響が、友人との親密度によってどう異なるかも合わせて検討する。

　第4章では、抑制的気遣いが、関係悪化を回避する関係に発展し、多様なストレス反応をもたらし得るという結果が得られた（4.4.3参照）。Lazarus & Folkman（1984 本明他訳 1991）の心理学的ストレスモデルには、ストレス反応以外にも、ストレッサー、認知的評価、コーピングという3つの概念が含まれている。友人関係におけるストレス反応を研究する際には、友人関係におけるストレッサーやコーピングも考慮に入れる必要がある。

　友人関係におけるストレッサーは、対人ストレッサーである。対人ストレッサーとは、ネガティブと評価されうる対人関係要因のことであり、最広義には「対人関係に起因するストレス」、再狭義には「通常の生活のなかで日常的に経験しうる対人ストレッサー」と定義されている（橋本, 2003）。対人ストレスには、①ストレッサー規定因としての対人関係、②ストレッサーとしての対人的相互作用、③認知的評価・対処の規定因としての対人関係、④ストレス過程の結果としての対人関係という4側面があり、①③④はストレ

スそのものではなく、その前後に位置づけられると考えられている（橋本, 2003）。

　現代青年の対人関係上のストレスの原因（対人ストレッサー）として、橋本（1997a, 1997b, 2000）は3類型を見出している。すなわち、①社会の規範から逸脱した顕在的な対人衝突である「対人葛藤」、②社会的スキルの欠如などにより劣等感が触発される「対人劣等」、③社会規範から逸脱していないが、配慮や気遣いによりストレスを伴う「対人摩耗」の3類型である。後に橋本（2005a）は、既存の尺度には受動的な項目（「～された」）が多かったことを指摘し、自身が行為主体であるもの（「～してしまった」）も考慮に入れた結果、対人葛藤と対人摩耗に加えて、対人過失という因子を抽出している。対人過失は、自身に非があって、相手に迷惑や不快な思いを感じさせてしまう項目で成っている。橋本（2005a）によれば、対人葛藤は経験頻度は少ないが、それを経験したときのインパクトは大きい。逆に対人摩耗は、経験頻度は多いが、インパクトは小さい。ただし対人摩耗は、対人葛藤と同様に、同性知人や異性友人との満足度との間に負の相関がある。この知見は、相手への配慮や気遣いを求められるストレス状況では、適応状態が悪くなることを示唆している。

　対人葛藤や対人摩耗などの対人ストレッサーが適応を損なうとすれば、どのような行動がその予防・改善に有効だろうか。対人ストレッサーは友人関係満足感を低下させることが予測される。第4章では、向社会的気遣いが親友関係を媒介することでストレス反応を減少させることが示唆された。また抑制的気遣いは、関係悪化回避を媒介として多様なストレス反応をもたらしていたが、親友満足感をわずかではあるが高める傾向も見られた。向社会的気遣いと抑制的気遣いは、ストレッサーに対して生じるものではないので、ストレス状況におけるコーピングとして位置づけることはできないが、普段の気遣いの志向性が、ストレッサーによる友人関係満足感の低下を防ぐ可能性について検討することは意義があるだろう。

また、本研究で指摘する重要な観点は、友人関係の親密度の違いを考慮に入れることの必要性である。

　第1に、親密度の違いによって、友人満足感の内容が質的に異なる可能性がある。大学生は、親密な友人関係だけでなく、それほど親しくはないが、授業やアルバイト先で一緒になる友人など、様々な友人関係を持っていることが想定される。本研究では、親密な親友との満足感と、それほど親しくないが、普段関わりのある友人との満足感を区別して検討を行う。友人との満足感については、加藤（2001）が「友人満足感尺度」を作成している。項目を見ると「自分を本当に理解してくれる人がいる」「心から親友と呼べる人がいる」など、親密な関係がうかがえるものが目立つ。そのため、第4章でも本章でも、加藤（2001）の友人満足感尺度を、親友満足感の測度として扱っている。一方、橋本（2005b）は、橋本（1997b）が行なったインタビューの結果から、「集団内でスムーズに関係を形成し、関係に積極的に関与しつつも、個人の価値観やプライバシーを侵害せず、葛藤は極力回避する」ことを現代青年における対人関係の理想像として提起している。現代青年は、本音で深く語り合うような関係ではなく、お互いの価値観やプライバシーを大切にした付き合い方を重視していることがうかがえる。

　親密な友人関係と、橋本（2005b）の現代的理想像の違いは何だろうか。親密な友人関係では、価値観を共有し、できるだけ親密になることが目的となる。一方、現代的な対人関係では、価値観が違っても問題にせず、一定の距離を保って、関係が破綻しないように維持することが目的となるのではないだろうか。親密な関係ではできるだけ相手と近づきたいが、現代的な関係では、これ以上近づかなくてもよいという一線があると考えられる。心理的距離という視点から見ると、親密な友人関係では相手との距離が近く、現代的な友人関係では、相手との距離が親密でもなく疎遠でもなく、常に中間的である。現代的な友人関係は、心理的に中間的な距離の友人関係（中間距離関係と略称）と特徴づけることができると考えられる。

中間距離関係と親密距離関係とでは、満足感の内容は同じではないだろう。お互いの価値観やプライバシーを尊重した付き合い方から得られる満足感は、親密な関係から得られる満足感とは異なると考えられる。心理的に距離を置く友人関係としては、具体的には「普段関わりはあるが、それほど親しくない友人」との関係を想定する。こうした付き合い方における満足感を測定する尺度は見当たらないため、予備調査を行なって探索的に項目の抽出を行い、本研究において「友人関係の中間距離満足感尺度」を作成する。

　第2に、親密度の違いによって、気遣いの内容や、気遣いと他の変数との関係が異なる可能性がある。例えば、抑制的気遣いは、親友に対してよりも、普通の友人と対して、より多く行われるであろう。

　以上の点を考慮した上で、本研究では、気遣いとストレッサーおよび友人満足感の関係を検討する。

　第1に、親密度によって気遣いの内容が異なるかどうかを検討する。親密度の段階としては、友人と親友の2段階を設定する。前者は普通の友人であり、「普段ある程度関わりはあるが、それほど親しくはないと感じている」友人である。親友に対する気遣いと友人に対する気遣いでは、その内容が異なると考えられる。向社会的気遣いは、相手を援助し、相手との関係を向上させるために行われる。従って、向社会的気遣いは、重要他者である親友に対してよく行われると予測される。一方、抑制的気遣いは、自己防衛と関係維持のために行われる。親友関係では、本音の深い交流が行われるため、自己防衛の必要は少ない。それに対し、普通の友人が相手の場合は、嫌われたり、関係が悪化することを恐れて、抑制的気遣いが多く行われているだろう。

　第2に、友人への気遣いの2因子が、親友満足感と友人満足感に与える影響を検討する。友人満足感は、本研究で作成する中間距離満足感尺度によって測定する。また、向社会的気遣いと抑制的気遣いが親友・友人満足感に与える影響は、親友条件と友人条件によって異なる可能性もある。

　向社会的気遣いは、友人への思いやり行動であり、友人関係を強化・向上

させることが期待される。従って、向社会的気遣いが行われるほど、親友満足感は高いと予測される。一方、抑制的気遣いは、相手との関係を損ねないために、相手や相手との関係にとって不都合な自身の本心を隠す行動である。本心を隠すことで、相手に踏み込まず、プライバシーにも立ち入らずにすむ。抑制的気遣いにより、葛藤を回避し、関係を崩壊させずに、相手との一定の距離を保つことができれば、普通の友人としての満足感（友人関係の中間距離満足感）は増大することが予測される。なお、親友関係では、一定の距離を保とうという志向性が低いと想定されるので、抑制的気遣いによる友人関係の中間距離満足感の増大は顕著ではないと考えられる。

第3に、対人ストレッサーが気遣いと満足感におよぼす効果を検討する。橋本（2005a）によれば、対人ストレッサーには、対人葛藤と対人摩耗、対人過失がある。これらはいずれも、親友満足感と友人関係の中間距離満足感を低下させると予測される。

ただし、普段から行われている気遣いの志向性によっては、満足感の低下は回避され得ると推測される。対人過失は、相手に迷惑をかけた謝罪の気持ちから、補償として、向社会的気遣いの表出を促進すると予測される。その結果、親友満足感と友人関係の中間距離満足感の低下は生じないだろう。対人摩耗のストレス場面では、本音を言うと葛藤が生じるので、抑制的気遣いをする以外ない。抑制的気遣いにより葛藤を回避できれば、友人関係の中間距離満足感の低下は回避できるだろう。ただし、抑制的気遣いによるストレス反応が増大するにつれて、満足感は低下すると考えられる。対人葛藤のストレス場面では、他者の不当な言動に対して、我慢するならば抑制的気遣いをするが、それに伴うストレス反応は非常に大きく、不満はむしろ増大するだろう。関係調整のためには何らかの向社会的気遣いが行われるが、関係修復の可能性が低い場合には、友人関係を解消する可能性もあると考えられる。

5.2 方法

5.2.1 予備調査

友人関係の中間距離満足感尺度を作成するため、自由記述で予備調査を行った。この尺度は、親密ではない友人関係における特有の満足感を測定する尺度である。その内容としては、友人と一定の距離を保ち、相互のプライバシーに立ち入らず、友人との葛藤を避けることに満足を覚えることが想定されている。

調査対象者

都内の女子大学の学生9名。

調査時期

2014年1月。

実施方法

授業時間の一部を利用して、調査を集団実施後、質問紙を回収した。質問紙には、回答は任意であり匿名性が保証されることを明記し、配布する前にも口頭で同様の教示を行った。

調査内容

調査内容は、普段ある程度関わりはあるが、それほど親しい付き合いをしているわけではない友人との関係における満足感に関するものであった。調査対象者には、「それほど親しい付き合いはしていないが、満足した付き合い方が出来ている」と思う人物を1人想起してもらい、①その友人とは、どんな立場の人か、②その人との関係のどんなところに満足しているか、③設問②の回答の理由、④その人と満足できる関係を維持するために心がけていること、について自由記述を求めた。

尺度項目の選定

自由記述を整理した結果、18項目が抽出され、これらをKJ法により分類

第5章　気遣いとストレッサーおよび友人満足感との関連：友人関係の親密度に注目して　115

した。筆者と指導教員1名が内容的妥当性の検討を行い、最終的に9項目を選定した（付録16を参照）。

5.2.2　本調査
調査対象者

都内にある女子大学の学生227名を調査対象とした。その227名のうち、欠損値のない205名（親友条件106名，友人条件99名，$M=20.04$歳，$SD=1.35$）を分析対象とした。

調査時期

2014年1月。

手続き

授業時間の一部を利用して、調査を集団実施後、質問紙を回収した。質問紙には、回答は任意であり匿名性が保証されることを明記し、配布する前にも口頭で同様の教示を行った。

本研究では、親友と友人によって気遣いのあらわれ方が異なるかを検討するため、質問紙の冒頭で条件ごとに教示文を変えた。調査対象者には、親友条件か友人条件か、どちらかの質問紙がランダムに配布された。親友条件では「あなたが普段最も親しくしている親友1人を思い浮かべてください」とし、友人条件では「普段ある程度関わりはあるが、それほど親しい付き合いをしていない友人1人を思い浮かべてください」とした。質問紙中の教示文も、条件に応じて「親友」と「友人」を使い分けた。その親友または友人について、以下の気遣いやストレッサー、親友満足感、友人関係の中間距離満足感を尋ねた。親友が思い浮かばない人に対しては、「今、最も親しいと思う付き合い方をしている人」を想起してもらうよう、口頭で教示した。

調査内容

（1）フェイスシート

学年、学科、年齢、性別を尋ねた。

（2）友人に対する気遣い

第3章で作成された、友人に対する気遣い尺度を用いた。25項目を7件法（1全くあてはまらない－7非常によくあてはまる）で尋ねた。

（3）対人ストレッサー

友人関係における対人ストレッサーを測定するため、対人ストレッサー尺度（橋本, 2005a）を用いた。この尺度は、対人葛藤因子（他者からのネガティブな態度や行動に関する内容）、対人過失因子（自身に非があって相手に迷惑や不快な思いをさせてしまう内容）、対人摩耗因子（自他ともにネガティブな心情や態度を明確に表出してはいないが、円滑な対人関係を維持するためにあえて意に沿わない行動をしたり、相手に対する期待はずれを黙認する内容）の3因子で構成されている。全18項目を6件法（1全くあてはまらない－6非常によくあてはまる）で尋ねた。

（4）親友満足感

友人関係における満足感を測定するため、友人満足感尺度（加藤, 2001）を用いた。6項目を6件法（1全くあてはまらない－6非常によくあてはまる）で尋ねた。この尺度は、親密な関係を想定している項目が多いため、本研究では親友満足感の測度として扱う。

（5）友人関係の中間距離満足感尺度

予備調査で作成した、友人関係の中間距離満足感尺度を用いた。9項目を7件法（1全くあてはまらない－7非常によくあてはまる）で尋ねた。

5.3 結果

5.3.1 友人への気遣い尺度の確認的因子分析

友人への気遣い尺度の交差妥当性を確認するために、確認的因子分析を行った（Table 5-1）。分析にはAmos21を用い、因子間の相関を仮定した。初期の分析では適合度が低かったので、因子負荷が.50を下回った項目は除外

第5章　気遣いとストレッサーおよび友人満足感との関連：友人関係の親密度に注目して　117

Table 5-1　気遣い尺度の確認的因子分析

	I	II	平均値	標準偏差
第Ⅰ因子　向社会的気遣い（α=.90）				
1　友人が悩んでいるようだったので、話を聞く	.91		5.90	1.21
18　友人が困っているようだったので、手を貸す	.88		5.94	0.93
17　友人が悩んでいるようだったので、相談に乗る	.87		5.86	1.16
3　友人が落ち込んでいるようだったので、励ます	.79		6.02	1.02
11　友人が何かいつもと様子が違ったので、声をかける	.67		5.57	1.25
13　友人が困っているようだったので、助言をする	.62		5.60	1.14
第Ⅱ因子　抑制的気遣い（α=.88）				
24　友人と話している時、友人を否定したくなっても言わないでおく		.85	4.43	1.43
22　友人と意見が合わない時、何も言わないで我慢する		.77	4.20	1.60
23　友人が同意を求めているようだったら、本心でなくても同意してあげる		.76	4.65	1.42
16　友人と意見が合わなくても、同調してあげる		.73	4.74	1.48
25　友人に言いたいことがある時、友人が気分を害するようなことは言わないでおく		.71	5.01	1.35
12　友人の好きなものに興味がなくても、興味がなさそうな態度はとらないでおく		.65	5.20	1.32
因子間相関	I	II		
I	―	―		
II		―		

した。各項目の因子負荷は、想定された因子で大きくなっている。項目番号は調査時の項目番号に準じている。適合度指標は$\chi^2(49) = 95.14 (p < .001)$, GFI = .93, AGFI = .89, CFI = .91, RMSEA = .07 であり、RMSEA はやや大きいが、許容範囲の適合度が得られたと判断した（なお、修正指標を参考に、誤差間に相関を5個仮定したが、これによる因子構造の変化はなかった）。第3章の結果と同じ2因子構造が確認されたため、下位尺度の合計得点をそれぞれ算出した。なお、2因子間に相関はみられなかった。

5.3.2　対人ストレッサー尺度の因子分析

対人ストレッサー尺度について因子分析（最尤法、プロマックス回転）を行った（Table 5-2）。スクリープロットの結果から3因子を抽出した。橋本（2005a）と同じ3因子構造となった。なお、共通性は回転前のものであり、

Table 5-2 対人ストレッサー尺度の因子分析（最尤法、プロマックス回転）

	I	II	III	共通性	平均値	標準偏差
第I因子　対人摩耗（$\alpha=.85$）						
16　本当は指摘したい友人の問題点や欠点に目をつむった	.75	.00	$-$.02	.49	2.07	.92
11　その場を収めるために、本心を抑えて友人を立てた	.72	.11	$-$.01	.59	1.97	.91
12　友人に合わせるべきか、あなたの意見を主張すべきか迷った	.69	.09	$-$.06	.52	2.10	.89
15　友人の機嫌を損ねないように、会話や態度に気を使った	.68	$-$.04	.08	.48	2.27	.96
6　あなたのあからさまな本音や悪い部分が出ないように気を使った	.65	.05	$-$.15	.34	2.40	.88
18　本当は伝えたいあなたの悩みやお願いを、あえて口にしなかった	.60	$-$.13	.22	.48	2.02	.97
第II因子　対人過失（$\alpha=.82$）						
4　あなたのミスで友人に迷惑や心配をかけた	.02	.73	$-$.01	.47	2.15	.90
13　友人の仕事や勉強、余暇のじゃまをしてしまった	.02	.67	$-$.09	.61	1.84	.82
9　友人に過度に頼ってしまった	$-$.01	.63	$-$.08	.37	2.06	.96
7　友人にとってよけいなお世話かもしれないことをしてしまった	.13	.63	$-$.02	.46	2.05	.90
2　友人に対して果たすべき責任を、あなたが十分果たせなかった	.05	.55	.13	.51	2.02	.82
1　あなたの落ち度を、友人にきちんと謝罪・フォローできなかった	$-$.06	.54	.30	.54	2.01	.81
第III因子　対人葛藤（$\alpha=.83$）						
17　友人を注意したら逆切れされた	$-$.07	$-$.14	.90	.53	1.36	.69
13　あなたを信用していないような発言や態度をされた	.15	$-$.08	.78	.43	1.57	.74
5　友人からけなされたり、軽蔑された	$-$.04	.06	.67	.45	1.51	.71
10　友人が都合のいいようにあなたを利用した	.21	.07	.51	.54	1.52	.72
8　友人から絶交や関わりの拒否をほのめかされたり、提案された	$-$.18	.35	.48	.40	1.35	.65
因子間相関	I	II	III			
I	—	.58	.53			
II		—	.59			
III			—			

回転前の説明率は49.14％であった。橋本（2005a）の結果を参照し、第I因子は「本当は指摘したい友人の問題点や欠点に目をつむった」など、友人に対して本音を言わないような内容が多かったため、対人摩耗因子と命名した（6項目，$\alpha=.85$）。第II因子は「あなたのミスで友人に迷惑や心配をかけた」など、友人に対して何か失敗をしてしまったような内容が多かったため、対人過失因子と命名した（6項目，$\alpha=.82$）。第III因子は「友人を注意したら

第5章　気遣いとストレッサーおよび友人満足感との関連：友人関係の親密度に注目して　119

逆切れされた」など、友人とトラブルになってしまったような内容が多かったため、対人葛藤因子と命名した（5項目，$\alpha = .83$）。α係数の値が大きく、十分な信頼性が確認されたため、合計得点をそれぞれ算出し、今後の分析に用いることにした。

5.3.3　友人関係の中間距離満足感尺度の主成分分析

本研究の予備調査で作成した、友人関係の中間距離満足感尺度の項目は、親友満足感尺度合計点（後述）との正の相関を示した（$rs = .06 - .80$）。この相関が高い項目が含まれると、中間距離満足感尺度は親友満足感尺度と等価なものになってしまう。親友満足感尺度と重複する部分を除外するため、親友満足感尺度合計点とのrが.70以上の項目を除外した。残ったのは5項目であり、この中間距離満足感尺度の項目を用いて主成分分析を行った（Table 5-3）。スクリープロットの結果から1因子解を採用した。5項目はいずれも中程度以上の負荷を示している。Chronbachのα係数を算出したところ、$\alpha = .76$という結果が得られた。許容範囲の信頼性が確認されたため、合計得点を算出し、今後の分析に用いることにした。

5.3.4　他の尺度の信頼性

親友満足感尺度は1因子構造のため、因子分析は行わなかった。内的一貫性を検討するためにChronbachのα係数を算出したところ、$\alpha = .95$という

Table 5-3　友人関係の中間距離満足感尺度の主成分分析

	成分1	共通性	平均値	標準偏差
9　その友人と一緒にいて対立することはない	.80	.64	5.36	1.43
8　その友人とはお互いにプライバシーが尊重できている	.79	.63	5.78	1.28
4　その友人とは適度な距離感を保てている	.79	.62	5.77	1.08
3　その友人から不快な思いをさせられることはない	.74	.55	4.90	1.58
6　その友人と頻繁に連絡を取らなくてすんでいる	.47	.22	5.65	1.37

Table 5-4　第5章基礎統計

変数名	度数	平均値	標準偏差	最小値	最大値
向社会的気遣い	205	34.89	5.54	9.00	42.00
抑制的気遣い	205	28.24	6.78	6.00	42.00
対人摩耗	205	12.83	4.16	6.00	23.00
対人過失	205	12.14	3.79	6.00	23.00
対人葛藤	205	7.31	2.71	5.00	17.00
親友満足感	205	25.03	7.24	6.00	36.00
中間距離満足感	205	27.46	4.85	5.00	35.00

Table 5-5　第5章相関行列

	1	2	3	4	5	6	7
1 向社会的気遣い	—	.06	−.12	−.17	−.09	.48***	.36***
2 抑制的気遣い	.17†	—	.41***	.10	.11	−.12	.12
3 対人摩耗	−.03	.32**	—	.59***	.46***	−.18	−.22*
4 対人過失	.25*	.11	.53***	—	.48***	−.07	−.10
5 対人葛藤	.10	.09	.51***	.67***	—	−.20*	−.14
6 親友満足感	.52***	.15	−.01	.03	−.03	—	.58***
7 中間距離満足感	.34**	.24*	−.21*	−.13	−.33**	.53***	—

†$p<.10$,　*$p<.05$,　**$p<.01$,　***$p<.001$
右上：親友条件（$n=106$）、左下：友人条件（$n=99$）

結果が得られた。十分な信頼性が確認されたため、合計得点を算出し、今後の分析に用いることにした。

5.3.5　基礎統計

以上の分析をふまえて、本研究で使用する変数の基礎統計と相関行列を示す（Table 5-4, 5-5）。

5.3.6　親密度の違いによる気遣い、対人ストレッサー、満足感の差

友人への気遣い尺度と対人ストレッサー尺度、親友満足感、中間距離満足感について、親密度条件別の検討を行うため、各下位尺度得点について、

第5章 気遣いとストレッサーおよび友人満足感との関連：友人関係の親密度に注目して　121

Table 5-6　各尺度の親密度条件による t 検定

	親友条件（n=106）		友人条件（n=99）		t 値
	M	SD	M	SD	
向社会的気遣い	36.76	3.99	32.88	6.24	5.27***
抑制的気遣い	26.92	7.18	29.66	6.06	2.94**
対人摩耗	12.09	3.73	13.62	4.46	2.64**
対人過失	12.49	3.56	11.76	4.01	1.39 n.s.
対人葛藤	7.14	2.55	7.48	2.87	.91 n.s.
親友満足感	29.48	5.07	20.27	6.11	11.78***
中間距離満足感	28.75	4.53	26.07	4.82	4.11***

**p＜.01, ***p＜.001

t 検定を行った（Table 5-6）。その結果、向社会的気遣いと親友満足感、中間距離満足感について、友人条件よりも親友条件の方が有意に高い得点を示していた（$t(164.60)=5.27, p<.001; t(203)=11.78, p<.001; t(203)=4.11, p<.001$）。抑制的気遣いと対人摩耗については、友人条件の方が有意に高い得点を示した（$t(203)=2.94, p<.01; t(191.64)=2.64, p<.01$）。

5.3.7　対人ストレッサーと気遣い、親友満足感、中間距離満足感の関連

親友条件・友人条件に対して、対人ストレッサーを説明変数、気遣いを媒介変数、親友満足感、中間距離満足感を目的変数として、最尤法による多母集団同時分析を行なった（Figure 5-1）。

説明力のない変数を省略した最終モデルの結果では、適合度指標は$\chi^2(12)=18.10(n.s.)$, GFI=.97, AGFI=.90, CFI=.98, RMSEA=.05であり、十分な適合度が得られた。

親友条件では、対人摩耗因子から抑制的気遣い因子には正の影響、中間距離満足感因子には負の影響が見られた（パス係数はそれぞれ.42, −.24）。向社会的気遣い因子は親友満足感因子、中間距離満足感に正の影響を与えていた（.48, .31）。抑制的気遣い因子は中間距離満足感因子に正の影響を与えてい

122

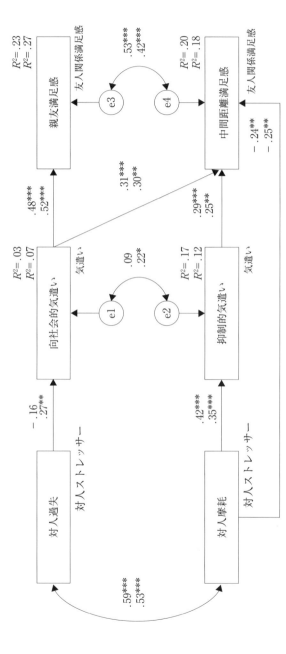

Figure 5-1 多母集団同時分析の結果
上段：親友条件（n=106），下段：友人条件（n=99）

$\chi^2(12)$=18.10($n.s.$), GFI=.97, AGFI=.90, CFI=.98, RMSEA=.05
$*p<.05$, $**p<.01$, $***p<.001$

た(.29)。

友人条件では、対人過失因子から向社会的気遣い因子に正の影響が見られた(.27)。対人摩耗因子から抑制的気遣い因子には正の影響、中間距離満足感には負の影響が見られた(.35, -.25)。向社会的気遣い因子は親友満足感、中間距離満足感に正の影響を与えていた(.52, .30)。抑制的気遣い因子は中間距離満足感に正の影響を与えていた(.25)。

対人過失因子から向社会的気遣い因子のパスで、条件間で有意な差があった（z＝3.24）。

5.4　考察

5.4.1　親密度による気遣い、対人ストレッサー、満足感の違い

友人への気遣いについて、親密度条件間の t 検定を行った結果、向社会的気遣いは友人条件よりも親友条件の方が有意に高い得点を示していた(Table 5-6)。向社会的気遣い（得点可能範囲6-42）の平均値は、親友関係で36.76、友人関係で32.88であった。向社会的気遣いが親友に対してより行なわれているという仮説は支持された。向社会的気遣いは友人関係における向社会的行動と位置づけられるが、菊池（1998）によれば、向社会的行動は対人関係を促進すると考えられている。親友関係では向社会的気遣いの頻度がかなり多いので、友人関係が継続され、さらに深まることも期待される。なお、向社会的気遣いは友人条件でもある程度行われており、友人関係における基本的な気遣いであることがうかがわれる。

一方、抑制的気遣いについては、友人条件の方が有意に高い得点を示していた（Table 5-6)。抑制的気遣い（得点可能範囲6-42）の平均値は、親友関係で26.92、友人関係で29.66であった。抑制的気遣いが、それほど親しくない友人に対してより多く行なわれているという仮説も支持された。それほど親しくない相手に対しては、相手との関係を悪化させないために、本心を見せな

い気遣いをしていると考えられる。逆に親友に対しては、本音の付き合いであるため、抑制的気遣いはむしろ必要でない。抑制的気遣いに関する結果は、友人関係は遠慮が必要な関係であるが、親友関係は気が置けない関係であることを改めて示している。

　また、対人ストレッサー尺度では対人摩耗のみ、友人条件が親友条件よりも高い傾向を示した（Table 5-6）。対人摩耗（得点可能範囲6-36）の平均値は、親友関係で12.09、友人関係で13.62であった。全体的に対人摩耗は低い水準にあるが、親密な関係では、本音の付き合いであるため、本心を抑える場面はさらに少なくなると考えられる。なお、対人ストレッサーの粗点（Table 5-2）および下位尺度得点（Table 5-4）を見ると、本研究の対象者における対人ストレッサーは、全体的に低い水準であったことが分かる。

　親友満足感は、親友条件の方が有意に高い得点を示した（Table 5-6）。親友満足感（得点可能範囲6-36）の平均値は、親友関係で29.48、友人関係で20.27であった。親友関係では友人関係よりも、関係への関与度が大きく、また関係から得られる報酬も多いため、親友満足感が高くなると考えられる。なお本研究では、親友またはふつうの友人に該当する人を想起してもらったが、上記の結果は、親密度による条件設定が成功していることを意味している。

　友人関係の中間距離満足感は、親友条件の方が高い得点を示した（Table 5-6）。中間距離満足感（得点可能範囲5-35）の平均値は、親友関係で28.75、友人関係で26.07であった。主成分分析の結果（Table 5-3）を見ると、「プライバシーが守られ、距離が保たれている」「葛藤が生じない」という内容が読み取れるが、このような満足感が親友条件でも経験されていることは注目される。

　友人条件での、親友満足感がやや低く、中間距離満足感がやや高いという結果は、普通の友人関係では、本音の付き合いではなく、距離を置いた付き合いとして満足感が経験されていることを示唆している。一方、親友条件で

は、親友満足感も中間距離満足感も高い水準であった。プライバシーや距離感を重視する付き合い方は、親密な関係においても大切にされていることが示唆された。

先述のように、橋本 (2005b) は「集団内でスムーズに関係を形成し、関係に積極的に関与しつつも、個人の価値観やプライバシーを侵害せず、葛藤は極力回避する」ことを現代青年における対人関係の理想像として提起していた。これを友人関係に適用すると、「友人関係に積極的に関与しつつも、価値観・プライバシーを侵害せず、葛藤を回避する」ということになる。親友関係満足感と中間距離満足感のどちらも高い親友条件では、理想の友人関係の方向性と合致した関係が営まれていると言えよう。

一方、希薄な友人関係では、親友満足感は低く、中間距離満足感だけが高いと考えられる。しかし、親友満足度と中間距離満足感には中程度の相関があるため（Table 5-5；親友条件：$r= .58$，友人条件：$r= .53$）、友人関係の中間距離満足感だけが高い人々、すなわち希薄な友人関係群の人数は少ないと推測される。

5.4.2 気遣いと親友満足感・中間距離満足感の関連

向社会的気遣いについては親密度による違いはなく、親友条件でも友人条件でも、向社会的気遣いは親友満足感、中間距離満足感に正の影響を与えていた。向社会的気遣いが親友満足感を促進することは予測通りであった (Figure 5-1)。なお、向社会的気遣いが中間距離満足感を促進することは予測になかったが、相手への思いやりが「プライバシーを尊重する」「葛藤が生じない」関係をもたらすことは不思議ではない。

抑制的気遣いと中間距離満足感の関係も、向社会的気遣いと同様に親密度による違いはなかった。抑制的気遣いと中間距離満足感の相関係数は、親友条件で $r= .12$（$p= .21$）、友人条件で $r= .24$（$p= .02$）であり、親友条件では相関係数は有意ではないものの、パス係数と同じ正の方向性が示されていた。

すなわち抑制的気遣いは、親友満足感には影響を与えないが、中間距離満足感をわずかではあるが増大させる傾向にあることが示された。

なお本研究では、抑制的気遣いによる中間距離満足感の増大は、親友条件では顕著ではないと予測していた。上述のように、パス係数の結果は予測を支持しないが、相関係数の結果は予測を支持している。

5.4.3 対人ストレッサーと気遣いおよび満足感の関連

友人条件では、対人過失から向社会的気遣いへの正のパスが見られたが、親友条件では有意ではないものの逆の傾向が見られた（Figure 5-1）。対人過失が向社会的気遣いを促進するという予測は、友人条件でだけ支持された。

対人摩耗は、抑制的気遣いを促進し、また中間距離満足感を直接的に下げることが示された（Figure 5-1）。これらの結果は予測通りであり、抑制的気遣いが中間距離満足感の回復をもたらす可能性がある。

Lazarus & Folkman（1984 本明他訳 1991）の心理学的ストレスモデルによれば、対人ストレッサーが存在しても、何らかの有効なコーピングができれば、ストレス反応は低減され得る。本研究では気遣いをコーピングとして位置づけることは出来ないとしているが、対人過失ストレッサーに対しては、日常的に向社会的気遣いを志向していれば、どちらの友人関係満足感も高まることが示された。対人摩耗ストレッサーに対しては、抑制的気遣いをよく行っていることで、友人との適度な距離感を保つ満足感が得られる可能性が示された。

5.4.4 まとめと課題

本研究では、親密度を考慮に入れて、対人ストレッサーと気遣い、親友満足感・中間距離満足感の関係を検討した。距離を置く友人関係における満足感を測定するために、本研究で、友人関係における中間距離満足感尺度を作成した。親友と普通の友人を比較したところ、親友満足感と友人関係の中間

距離満足感のいずれについても、親友条件の方が高かった。現代の親友関係は、本音の関係でもあり、プライバシーを尊重する関係でもあることが明らかになった。友人条件では、親友条件よりも抑制的気遣いが行われていた。また、向社会的気遣いは、親友満足感・中間距離満足感のどちらも促進し、抑制的気遣いは、中間距離満足感を増大させることが示された。対人過失ストレッサーに対しては、向社会的気遣いが親友・中間距離満足感を高め、対人摩耗ストレッサーに対しては抑制的気遣いが中間距離満足感を高めることが示された。友人条件と親友条件で、満足感や気遣いの程度に違いが見られたことから、親密度によって比較することには意味があったと考えられる。ただしパス解析では、両条件間で顕著な差は見られなかった。これは気遣いが友人関係における満足感を、親密度に関係なく増大させることを意味するとも考えられるが、親友群をより親密度の高い人に限定すれば、抑制的気遣いから中間距離満足感へのパスはなくなる可能性もある。抑制的気遣いと中間距離満足感の関係に及ぼす親密度の調整効果については、今後、さらに検討する必要がある。

第6章 総括と展望

6.1 本章の目的

　本論文では、現代青年の気遣いを捉え直すため、①大学生の友人関係を包括的に捉えた上でその特徴を検討すること、②友人関係における気遣い尺度を作成し、その信頼性と妥当性を検討すること、③友人関係における気遣いの規定因を検討し、④友人関係における気遣いの影響を検討することの4点を目的として挙げていた。

　本章では、本論文の総括として、本論文で実施した研究で得られた結果を概観した上で、包括的な考察を行う。

6.2 現代大学生の友人関係の全体像

　第2章では、岡田努（1995）の友人関係尺度に、親密項目と孤立項目を独自に加えた尺度の探索的因子分析を行った。その結果、親密因子と関係悪化回避因子が抽出された。また第4章でも、同じ項目を用いて確認的因子分析を行ったところ、親密と関係悪化回避の2因子を抽出することができた。第2章では、この2因子を用いたクラスター分析により、友人関係の類型化を行った。クラスターは3群であり、親密群、親密・関係悪化回避群、浅い付き合い群が抽出された。

　本来、岡田努の（1995）の友人関係尺度には、群れ、気遣い、ふれあい回避の3因子が想定されるが、その因子構造は不安定であることが指摘されている。本研究では、友人関係の全体像を捉えるために、岡田努（1995）の尺

度に親密項目と孤立項目を追加して使用したが、確認的因子分析により、第2章でも第4章でも、親密因子と関係悪化回避因子を共通して抽出することができた。この2つの因子は、現代的な友人関係を検討する上で重要な因子と考えられる。対象者の異なる2回の調査で、関係悪化回避因子が繰り返し現れたことは、関係悪化の回避が、現代青年の友人関係において欠かせない側面であることを意味している。また、親密因子は、友人関係の全体像を捉えるために本研究で追加したものであったが、いずれの調査でも抽出された。親密な関係を志向する内容が含まれている群は、加藤（2006）の深・広型、深・狭型や中園・野島（2003）の本音群、自己中心的群などがある。従来の現代的な友人関係の研究では、友人関係の希薄化に注目が集まりがちであったが、そればかりではなく、親密な付き合い方も従来通り、一般的な傾向であることが本研究でも確認された。第2章で抽出されたクラスターは、先述の通り、親密群、親密・関係悪化回避群、浅い付き合い群の3群であり、親密群以外の2群が、希薄な友人関係の兆候を示す群である。孤立因子は抽出されなかったが、友人関係尺度（岡田努, 1995）を拡張することにより、現代青年の友人関係を包括的に捉えることができたと言えよう。

　第2章の基礎統計（Table 2-5）を見ると、親密因子得点の平均値は35.42であった（得点可能範囲は8-48）。項目ごとの粗点でも、評定値の平均は4.09-5.00の範囲である（1-6の6件法：Table 2-1）。第4章でも親密因子得点の平均値は21.82であり（得点可能範囲は5-35）、項目ごとでも4.02-4.74の評定平均値が示された（Table 4-2）。全体としては、対象者はやや親密な付き合いをしていると言えるが、個人差も大きいことがうかがえた。親密因子得点の最小値が8.00（第2章）や9.00（第4章）であることは、孤立している人もいることを示している。同様に、関係悪化回避因子得点の平均値は第2章と第4章でそれぞれ17.57, 16.78であった（得点可能範囲はともに4-24）。粗点でも評定値の平均はそれぞれ4.04-4.63、3.76-4.52の範囲である（1-6の6件法）。全体として、どちらかと言えば関係悪化を回避していると言えるが、こちら

も個人差が大きい。得点可能範囲の上限の人もいれば、下限の人もいる。以上の結果から、全体的傾向としては、対象者はやや親密で、やや関係悪化を回避する付き合いをしていると言える。ただし、個人差が大きいことも示されたため、孤立したり、非常に関係悪化を回避している人が少なからずいることにも留意すべきであろう。

第2章では、親密な関係または関係悪化を回避する関係を志向する原因を検討した。その結果、友人関係への内発的動機づけが親密な関係をもたらし、外発的動機づけが関係悪化を回避する関係をもたらすことが明らかになった (Figure 2-2)。また親密な付き合い方をする群は、友人満足度が高いことが示された (Table 2-10)。

友人との付き合い方には、親密因子と関係悪化回避因子の2種類があることが明らかになったが、どちらの因子が優勢かは、1個人の中で固定化されたものなのだろうか。一般的な大学生を対象とした調査研究において、現代青年の友人関係では、場面や遊ぶ内容によって付き合いを使い分ける「選択化」が進行していることが指摘されている (e.g., 浅野, 2006；福重, 2006；岩田, 2006)。こうした「選択化」の背景には、現代社会において、個人の内面を深く開示し合うような親密さについての図式が解体したこと、一つの一貫した自分をもつという規範が崩れたことがあると考えられている。第5章では、友人条件と親友条件で気遣いの内容を比較したが、向社会的気遣いは親友条件でより多く行われ、逆に抑制的気遣いは友人条件でより行われていた (Table 5-6)。すなわち、相手が友人か親友かで行われる気遣いが違っていた。親密度の違いにより、気遣いの仕方も異なっていたという第5章の結果は、付き合いの選択化の一例と考えられる。大学生には、大学の内外に多様な友人関係があるだろう。その多様な友人関係ごとに、親密な付き合いと、表面的な付き合いとを使い分けているということが、より実態に近いと推測される。

なお第5章では、従来の親友満足感とは異なり、相手と距離を置く友人関

係における満足感を測定する尺度を作成した。親友関係では相手とより親密になることを求めるが、現代的な友人関係では、「これ以上は親しくならなくてよい」「相手と一定の距離を保ちたい」という欲求もあると考えられる。本研究では予備調査の結果から、「その友人とはお互いにプライバシーが尊重できている。」「その友人とは適度な距離感を保てている。」といった項目から成る「友人関係における中間距離満足感尺度」を作成した。この中間距離満足感（友人満足感）は、友人条件よりも親友条件で高い得点が示された（Table 5-5, 6）。今日の親友関係では、親密さと適度な距離の両方が求められていることがうかがわれた。抑制的気遣いが促進しうるのは、親友満足感ではなく、友人満足感（中間距離満足感）だという結果（Figure 5-1）は、中間距離満足感の独自性を意味している。

6.3 気遣い尺度の信頼性と妥当性

　岡田（1995）の友人関係尺度は友人関係を測定するものであり、その気遣い因子は、友人関係の特徴を表現している。現代青年の気遣いを研究するためには、友人関係の背景にある気遣いの志向性の個人差を測定する必要があると考えられたため、第3章で、「友人関係における気遣い尺度」を新たに作成した。因子分析の結果、現代大学生が行う気遣いには、従来の思いやり行動と類似性の高い向社会的気遣いと、自分の本心を隠す抑制的気遣いの2因子があることが示された（Table 3-1）。友人関係における気遣い尺度は、向社会的気遣いが12項目、抑制的気遣いが13項目の計25項目から成る。

　この友人への気遣い尺度は、第3章、第4章、第5章においても2因子構造が確認されており（Table 3-2, 4-1, 5-1）、いずれの因子も $\alpha = .81 \sim .90$ という高い内的一貫性がみとめられた。尺度としての信頼性は高いと言えるだろう。

　気遣いの2因子は、まずそれぞれ規定因が異なっていた。向社会的気遣い

は、利他的理由から正の影響を受けていた（Figure 3-1, 3-2）。共感的関心から向社会的気遣いへ直接のパスも見られ、向社会的気遣いは、友人のためを思って行われていた。一方、抑制的気遣いは、防衛的理由から正の影響を受けていた（Figure 3-1, 3-2）。抑制的気遣いは、余計な面倒を回避したり、友人関係が悪化するのを避けるために行われている。また、防衛的理由は、文化的要因である競争的個人主義と、共感性の因子である個人的苦痛から正の影響を受けていた。すなわち、負けたくない人、苦痛から逃れたい人は、自分を守るために本心を隠す傾向が見られた。

さらに、気遣いの2因子は友人関係の様相と心理的適応に異なる影響を与えていた。向社会的気遣いは親友および中間距離満足感を高める効果があり（Figure 5-1）、心理的適応を促進することが示された。一方、抑制的気遣いは、関係悪化を回避する友人関係に発展するとストレス反応を高めるが（Figure 4-1）、直接的には中間距離満足感をわずかながら高める効果があった（Figure 5-1）。抑制的気遣いは、適応にも不適応にもつながることが明らかとなった。

これらの結果は、気遣いの2因子の性質から理論的に演繹される予測と合致しており、気遣い尺度の妥当性を意味するものである。以上の点から、本論文で新たに作成した「友人関係における気遣い尺度」は、現代の大学生が友人に対して行う気遣いの幅広い内容を捉えており、一定の信頼性と妥当性を有すると言えるだろう。

6.4 気遣いの規定因と影響

（1）向社会的気遣い

向社会的気遣いは、集団主義（Triandis, 1995）や共感的関心（登張, 2003）、他者受容（藤本・大坊, 2007）などによって促進された。また、向社会的気遣いは、親密な関係をもたらし、親友満足感を高めた（Figure 4-1）。親友条件

でも友人条件でも、向社会的気遣いは親友満足感と友人満足感(中間距離満足感)に正の影響を与えていた(Figure 5-1)。向社会的気遣いが、友人関係における満足度を高めるという傾向は、本論文で最も顕著に見られた傾向であると言うことができる。さらに向社会的気遣いは、親密関係を媒介し、一部のストレス反応を軽減させていた(Figure 4-1)。

向社会的気遣いは、文化によって価値づけられた、他者志向の行動パターンである。Seyfarth & Cheney(2012)は友情には進化的な起源があることを指摘していたが、向社会的気遣いも、友情を形成・発展させるために進化した心理特性であると推測される。向社会的気遣いは、青年の友人関係において、きわめて重要な役割を果たしていると考えられる。

(2) 抑制的気遣い

抑制的気遣いは、自己防衛的な理由から行われることが多い。関係維持のための罪悪感(大西, 2008)が強い人は、負い目を感じやすく、遠慮して本心を隠す傾向を示した(Figure 3-1)。また、対人摩耗(橋本, 2005a)のストレッサーは、その状況では他に選択の余地のない選択肢として、抑制的気遣いを増大させていた(Figure 5-1)。これらの規定因は、自己防衛のために、抑制的気遣いを生起させるものである。

一方、抑制的気遣いは、相手や友人関係のためによかれと思って行われる場合もあると考えられる。第3章では、利他的理由によって抑制的気遣いが促進されることが示された。また、集団の目標を個人よりも優先する集団主義が、抑制的気遣いを促進することが示された(Figure 3-1, 3-2)。

このように、自己防衛的あるいは利他的な理由から生じる抑制的気遣いの影響には、プラス面とマイナス面がある。

抑制的気遣いは、自己や関係を防衛するために行われ、実際に防衛に成功することがある。本音を言えば喧嘩になったものが、本心を隠すことで、平穏に過ぎることもあるだろう。抑制的気遣いを行うことで、一定の友人関係が維持されるならば、友人満足感が高まることもあり得ると予測される。実

際、第5章では、抑制的気遣いが友人満足感（中間距離満足感）を増大させる傾向がうかがわれた（Figure 5-1）。また、抑制的気遣いが親友満足感を高めるという結果も得られている（Figure 4-1）。

　Bagwell & Schmidt (2011) は、日本のような集団主義社会では、社会集団内でのコンピテンス（自律的適応力）が集団の中で身につくと述べていた。本論文では、わが国の友人関係において身につく自律的適応力には、関係維持のために自分を抑える内容が含まれることを指摘していた。また、集団主義圏では葛藤の解決に際し、対決中心ではなく、対決・従順・妥協を同程度用いることが報告されていた（Haar & Krahe, 1999）。以上を踏まえ、本論文で特定された抑制的気遣いは、関係維持のため本音を我慢している内容であることから、友人関係に適応するための集団主義的なコンピテンスであると考えられる。

　一方、抑制的気遣いは、不安や自律神経亢進などの多様なストレス反応をもたらし得ることが明らかになった（Figure 4-1）。本心を隠して、遠慮や我慢を重ねていれば、心身ともに調子を崩すのは無理もないことであろう。

　相互依存理論（Kelley & Thibaut, 1978）の視点から検討すると、抑制的気遣いには報酬とコストの両方がある。抑制的気遣いの報酬は、関係が維持できた満足感であり、自己評価が傷つかなかった安心感である。コストは本音を抑えて我慢・遠慮することの苦痛や、不安や怒りなどのストレス反応である。我慢するコストより、関係を維持できることによる報酬の方が上回っていれば、気を遣う友人関係にとどまるだろう。しかし、その友人関係から得られる喜びなどの報酬よりも、苦痛やストレス反応の方が大きくなれば、その友人関係を解消することになるだろう。

　向社会的気遣いの場合は、過度にならない限り、ストレス反応などの否定的な影響はないので、通常は、向社会的気遣いは報酬だけをもたらすと考えられる。一方、抑制的気遣いは、報酬をもたらすかどうかは分からないが、コストだけは常に内包している。抑制的気遣いは、集団主義社会では普遍的

な対人方略であるが、ストレス反応につながるコストの大きいものであることを銘記するべきだろう。

6.5 本研究の意義

（1）現代大学生の友人関係の特徴と新たな友人満足感

　本論文では、まず先行研究との連続性を重視し、岡田努（1995）の友人関係尺度に親密因子と孤立因子の項目を追加して、現代大学生の友人関係を包括的に捉えようと試みた。その結果、孤立因子は見出されなかったが、親密因子と関係悪化回避因子が抽出され、親密な付き合いと関係悪化を回避する付き合いが現代大学生に特徴的な友人との付き合い方であることが示された。

　しかし、低い親密得点を示す対象者の存在は本研究でも繰り返し見られ、充実した対人関係を築けていない大学生も少なからず存在することが確認された。対人ストレスは、日常ストレッサーの中でも最も苦痛を感じるものであり、その悪影響は他のストレッサーよりも持続しやすいと報告されている（Bolger, et al., 1989）。本論文の結果は、対人関係上の困難さを抱えている大学生の存在に注目し、支援の方策を検討していくことの必要性を示唆している。

　また、友人との関係満足感についても、新しい提案をした。これまで測定されてきた親友満足感（「私はその友人ととても気持ちが通じ合っている」「その友人を心から親友と呼べる」）だけではなく、一定の距離を保つ友人満足感があるのではないかと考え、中間距離満足感尺度（例：「その友人とはお互いにプライバシーが尊重できている。」「その友人とは適度な距離感を保てている。」）を作成した。この尺度は親友満足感と中程度の相関はあるが、他の変数との関連が両者で異なっており（e.g., 抑制的気遣いとの関連）、中間距離満足感尺度は、親密さを追求しない場面での友人満足感を測定するために、有望であると期待される。

（2）気遣いの概念の整理

これまで青年期における気遣いは、友人関係研究において多数扱われてきたが（e.g., 川俣・河村，2008；岡田努，2010）、その概念の定義は必ずしも明確ではなかった。本論文では、字義的・理論的検討を踏まえ、気遣いを「相手および相手との関係のために行われる向社会的行動あるいは自己防衛および関係維持のために本心を隠す抑制的行動」と定義した。予備調査に基づき、友人関係における気遣いを測定する尺度を作成したところ、定義と合致する2因子―向社会的気遣いと抑制的気遣いの2因子に明確に区別できた。

Figure 6-1 は、気遣いに関する本論文の研究の主な知見を図式化したものである。気遣いには向社会的・抑制的の2種類があり、規定因はそれぞれ異なる。向社会的気遣いは親密な関係を促進し、抑制的気遣いは関係悪化を回避する付き合い方を促進していた。気遣いの志向性によって友人との付き合い方も異なってくることが示唆された。抑制的気遣いは関係悪化を回避する関係をもたらした場合、ストレスを増大させていたが、一方で、中間距離満足感を直接的に促進する影響も見られた。向社会的気遣いは親密関係をもたらした場合、親友満足感を増大させたが、親友満足感と中間距離満足感を直接的に高める影響も見られた。このように本論文では、気遣いの仕方によって友人関係における適応状態に違いが生じることが明らかになった。今後、どのような場面でどのような気遣いが有効かなどを、より具体的に精査する

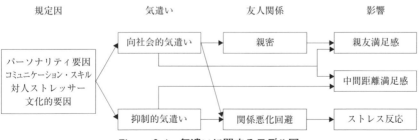

Figure 6-1　気遣いに関するモデル図

ためにも、本論文で開発された気遣い尺度は役に立つと考えられる。気遣いの概念の整理と、測定尺度の開発は、今後の友人関係研究の発展に貢献するものと期待される。

6.6 今後の課題

第1に、本論文では最終的に、大学生の友人関係には「選択化」が生じており、友人との付き合い方や関係方略を、青年自身が変えている可能性を見出した。どのような友人関係を持ちたいかといった友人関係目標を扱った研究はあるが（加藤, 2006）、大学生の友人関係の選択化について、心理学的に具体的に扱った研究はまだ見られない。本研究では、親友と友人に対してでは、選択される気遣いの種類に差があった。これ以外の他者や場面等でも、大学生が付き合い方を使い分けているかについて、心理学的な実証研究が必要である。

第2に、抑制的気遣いの効用について、さらに検討する必要がある。抑制的気遣いは中間距離満足感を増大させるが、親友満足度については増大させることもさせないこともあり、結果は一貫しない。何らかの調整変数を特定すること、あるいは満足感の測度の吟味等が課題として挙げられる。

第3に、本論文では、大学生を研究対象とした。大学生以外の青年（例：勤労青年）ではどうかや、気遣いの発達的変化を追うことも課題であろう。向社会的行動については、児童や中学生が対象でも測定可能な尺度が開発されており、発達段階ごとに検討がされている（e.g., 西村・村上・櫻井, 2012；太田・米澤, 2012；桜井, 1986）。しかし、今回注目した気遣い、特に抑制的気遣いについては、先行研究となるものはない。どの発達段階で気遣いの仕方が分化してくるのか、発達的変化の詳細を明らかにしていくことも必要であろう。なお、本論文では、先行研究でも取り上げられていないこと、また気遣い研究の初期段階であることから、性差を要因に組み込まなかった。気遣

いについて、最初の見通しがついたので、今後は性差にも目を向けていく必要がある。

　第4に、本研究では日本で優勢とされる文化的要因として集団主義に着目し、調査の変数としても取り上げた。気遣いの背景に文化的要因が影響していることが示唆されたため、日本と同様の集団主義傾向を持つとされる韓国や、逆に個人主義傾向が強いとされるアメリカなどとの比較文化的研究をすることも今後の課題である。

引 用 文 献

赤坂瑠以・坂元章(2008). 携帯電話の使用が友人関係に及ぼす影響―パネル調査による因果関係の推定 パーソナリティ研究, 16, 363-377.

American Psychiatric Association (2000). *Diagnostic and statistical manual of mental disorders* (4th ed., text revision). Washington, D. C.: Author. (アメリカ精神医学会 高橋三郎・大野裕・染谷俊幸(訳)(2002). DSM-IV-TR 精神疾患の診断・統計マニュアル 医学書院)

浅野智彦(2006). 若者の現在浅野智彦(編)検証・若者の変貌――失われた10年の後に 勁草書房 pp. 233-260.

Asendorpf, J. (1990). Beyond social withdrawal: Shyness, unsociability, and peer avoidance. *Human Development*, 33, 250-259.

Asendorpf, J. (1991). Development of inhibited children's coping with unfamiliarity. *Child Development*, 62, 1460-1474.

Bagwell, C. J. & Schmidt, M. E. (2011). *Friendships in Childhood and Adolescence*. New York: Guilford Press.

Batson, C. D. (1991). *The altruism question: Toward a social-psychological answer*. Hillsdale, NJ: Lawrence Erlbaum Associates.

Baumeister, R. F., & Leary, M. R. (1995). The need to belong: Desire for interpersonal attachments as a fundamental human motivation. *Psychological Bulletin*, 117, 497-529.

Bigelow, B. J. (1977). Children's friendship expections: A cognitive developmental study. *Child Development*, 48, 246-253.

Blais, M. R., Sabourin, S., Boucher, C., & Vallerand, R. J. (1990). Toward a motivational model of couple happiness. *Journal of Personality and Social Psychology*, 59, 1021-1031.

Blos, P. (1962). *Adolescence*. The Free Press, New York. (ブロス, P. 野沢栄司(訳)(1971). 青年期の精神医学 誠信書房)

Bolger, N., DeLongis, A., Kessler, R. C., & Schilling, E. A. (1989). Effects of daily stress on negative mood. *Journal of Personality and Social Psychology*, 57, 808-818.

Bowlby, J. (1969). *Attachment and loss: Vol. 1. Attachment.* New York: Basic Books.（ボウルビィ，J. 黒田実郎・大羽蓁・岡田洋子・黒田聖一（訳）(1991). 母子関係の理論――Ⅰ愛着行動　岩崎学術出版社）

Bowlby, J. (1973). *Attachment and loss: Vol. 2. Separation: Anxiety and anger.* New York: Basic Books.（ボウルビィ，J. 黒田実郎・岡田洋子・吉田恒子（訳）(1995). 母子関係の理論――Ⅱ分離不安　岩崎学術出版社）

Bowlby, J. (1980). *Attachment and loss: Vol. 3. Loss: Sadness and depression.* New York: Basic Books.（ボウルビィ，J. 黒田実郎・横浜恵三子・吉田恒子（訳）1991　母子関係の理論――Ⅲ対象喪失　岩崎学術出版社）

Coleman, J. S. (1980). Friendship and the peer group in adolescence. In J. Andrerson (Ed.), *Handbook of Adolescent Psychology.* New York: Wiley.

大坊郁夫（1998）．しぐさのコミュニケーション――人は親しみをいかに伝えあうか　サイエンス社

Eisenberg, N. (1992). *The Caring Child.* Cambridge, MA: Harvard University Press.（アイゼンバーグ，N. 二宮克巳・首藤敏元・宗方比佐子（訳）(1995). 思いやりのある子どもたち――向社会的行動の発達心理　北大路書房）

遠藤純代（1990）．友だち関係　無藤隆・高橋惠子・田島信元（編）発達心理学入門Ⅰ　乳児・幼児・児童　東京大学出版会　pp. 161-176.

遠藤由美（2000）．青年の心理――ゆれ動く時代を生きる　梅本堯夫・大山正（シリーズ監）コンパクト新心理学ライブラリ　サイエンス社

榎本淳子（2003）．青年期の友人関係の発達的変化――友人関係における活動・感情・欲求と適応　風間書房

Epstein, J. H. (1989). The selection of friends. In T. J. Berndt, & G. W. Ladd. (Eds.), *Peer relationships in child development.* New York: Wiley. pp. 158-187.

藤井恭子（2001）．青年期の友人関係における山アラシ・ジレンマの分析　教育心理学研究，**49**, 146-155.

藤本学・大坊郁夫（2007）．コミュニケーション・スキルに関する諸因子の階層構造への統合の試み　パーソナリティ研究，**15**, 347-361.

福井康之（2007）．青年期の対人恐怖――自己試練の苦悩から人格成熟へ金剛出版

福森崇貴・小川俊樹（2006）．青年期における不快情動の回避が友人関係に及ぼす影響――自己開示に伴う傷つきの予測を媒介要因として　パーソナリティ研究，**15**, 13-19.

福重清（2006）．若者の友人関係はどうなっているのか　浅野智彦（編）検証・若者

の変貌——失われた10年の後に　勁草書房　pp. 115-150.
Furman, W. (1982). Children's friendships. In T. Field, G. Finley, A. Huston, H. Quay, & L. Troll (Eds.), *Review of human development*. New York: Wiley. pp. 327-342.
古谷嘉一郎・坂田桐子（2006）．対面、携帯電話、携帯メールでのコミュニケーションが友人との関係維持に及ぼす効果——コミュニケーションのメディアと内容の適合性に注目して　社会心理学研究, **22**, 72-84.
後藤宗理（2008）．思春期・青年期を中心とした研究の動向　教育心理学年報, **47**, 61-70.
Haar, B. F., & Krahe, B. (1999). Strategies for resolving interpersonal conflicts in adolescence: A German-Indonesian comparison. *Journal of Cross Cultural Psychology*, **30**, 667-683.
Hart, C. H., McGee, L., & Hernandez, S. (1993). Themes in the peer relations literature: Correspondence to playground interactions portrayed in children's literature. In C. H. Hart. (Ed.) *Children on playgrounds: Reserch perspectives and applications*. Albany: State University of New York Press. pp. 371-416.
長谷川寿一・長谷川眞理子（2000）．進化と人間行動　東京大学出版会
橋本剛（1997a）．大学生における対人ストレスイベント分類の試み　社会心理学研究, **13**, 64-75.
橋本剛（1997b）．現代青年の対人関係についての探索的研究——女子学生の面接データから　名古屋大学教育学部紀要, **44**, 207-219.
橋本剛（2000）．大学生における対人ストレスイベントと社会的スキル・対人方略の関連　教育心理学研究, **48**, 94-102.
橋本剛（2003）．対人ストレスの定義と種類——レビューと仮説生成的研究による再検討　人文論集, **54**, 21-57.
橋本剛（2005a）．対人ストレッサー尺度の開発　人文論集, **56**, A45- A71.
橋本剛（2005b）．ストレスと対人関係　ナカニシヤ出版
Havighurst, R. J. (1972). *Developmental Tasks and Education*. David Mckay Company Inc.（ハヴィガースト．R. J.　児玉憲典・飯塚裕子（訳）（2004）．ハヴィガーストの発達課題と教育——生涯発達と人間形成　川島書店）
Homans, G. C. (1974). *Social Behavior*, Harcout Brase Javanovich.（ホーマンズ，G. C.　橋本茂（訳）（1978）．社会行動　誠信書房）
石田靖彦（1998）．友人関係の親密化に及ぼすシャイネスの影響と孤独感　社会心理

学研究,14,43-52.
伊藤亮・村瀬聡美・吉住隆弘・村上隆(2008).現代青年における"ふれ合い恐怖的心性"と抑うつおよび自我同一性との関連 パーソナリティ研究,16,396-405.
伊藤忠弘(2012).対人関係と関係性に関連した社会心理学の研究動向 教育心理学年報,51,42-52.
岩田考(2006).若者のアイデンティティはどう変わったか 浅野智彦(編)検証・若者の変貌――失われた10年の後に 勁草書房 pp.151-189.
金子智栄子・関根美佳(2006).女子大学生のストレスに関する研究――ストレス反応とストレッサー,コーピングとの関連について 文京学院大学人間学部研究紀要,8,67-90.
金築智美・金築優(2010).向社会的行動と過剰適応の組み合わせにおける不合理な信念および精神的健康度の違い パーソナリティ研究,18,237-240.
笠原嘉(1976).今日の青年期精神病理像 笠原嘉・清水将之・伊藤克彦(編)青年の精神病理1 弘文堂 pp.3-27.
加藤司(2001).対人ストレス過程の検証 教育心理学研究,49,295-304.
加藤司(2006).対人ストレス過程における友人関係目標 教育心理学研究,54,312-321.
加藤司(2007).大学生における友人関係の親密性と対人ストレス過程との関連性の検証 社会心理学研究,23,152-161.
加藤司(2008).対人ストレスコーピングハンドブック ナカニシヤ出版.
川俣理恵・河村茂雄(2008).現代大学生の交友関係と自我同一性地位との関係についての事例的検討――友人に対する気遣い志向の強い大学生の事例から 日本教育心理学会総会発表論文集,50,320.
Kelly, H. H., & Thibaut, J. W. (1978). *Interpersonal relations: A theory of interdependence.* New York: Wiley.
菊池章夫(1984).向社会的行動の発達 教育心理学年報,23,118-127.
菊池章夫(1988).思いやりを科学する――向社会的行動の心理スキル 川島書店
菊池章夫(1998).また思いやりを科学する――向社会的行動の心理スキル 川島書店
北山忍(1998).自己と感情 共立出版
國枝幹子・古橋啓介(2006).児童期における友人関係の発達 福岡県立大学人間社会学部紀要,15,105-118.
楠見幸子(1988).友人関係の各位相に関わる要因について 日本グループ・ダイナ

ミックス学会第36回大会発表論文集,21-22.
Lazarus, R. S., & Folkman, S. (1984). *Stress, Appraisal, and Coping*, New York: Springer Publishing Company, Inc(ラザルス,R. S. ・フォルクマン,S 本明寛・織田正美・春木豊(監訳)(1991).ストレスの心理学──認知的評価と対処の研究 実務教育出版)
Markus., H. & Kitayama, S. (1991). Culture and the Self: Implications for cognition, emotion and motivation. *Psychological Review*, **98**, 224-253.
松永真由美・岩元澄子(2008).現代青年の友人関係に関する研究 久留米大学心理学研究 **7**, 77-86.
満野史子(2009).思いやりの気持ちがあるのに思いやり行動しないことと友人関係の関連 昭和女子大学大学院生活機構研究科心理学専攻臨床心理学講座修士論文(未公刊)
満野史子・三浦香苗(2010).大学生の思いやり行動躊躇と対人関係特性の関連 昭和女子大学生活心理研究所紀要,**12**, 75-85.
宮下一博(1995).青年期の同世代関係 落合良行・楠見孝(編)講座生涯発達心理学 第4巻 自己への見直し──青年期 金子書房 pp. 155-184.
水野将樹(2004).青年は信頼できる友人との関係をどのように捉えているのか:グラウンデッド・セオリー・アプローチによる仮説モデルの生成 教育心理学研究,**52**, 170-185.
文部科学省(2013).平成25年度学校基本調査(速報値)の公表について 文部科学省 2013年8月7日〈http://www.mext.go.jp/component/b_menu/houdou/_icsFiles/afieldfile/2013/08/07/1338338_01.pdf〉(2014年5月5日)
文部科学省(2014).大学院入学者数の実績(修士課程、博士課程)文部科学省 2014年4月21日〈http://www.mext.go.jp/b_menu/shingi/chukyo/chukyo0/toushin/attach/1335463.htm〉(2014年5月5日)
永井撤(1994).対人恐怖の心理──対人関係の悩みの分析 サイエンス社
中園尚武・野島一彦(2003).現代大学生における友人関係への態度に関する研究──友人関係に対する「無関心」に注目して 九州大学心理学研究, **4**, 325-334.
難波久美子(2004).日本における青年期後期の友人関係研究について 名古屋大学大学院教育発達科学研究科紀要,**51**, 107-116.
西平直喜(1990).成人になること──生育史心理学から シリーズ人間の発達4 東京大学出版会

西村多久磨・村上達也・櫻井茂男（2012）．小中学生における新たな向社会的行動尺度の作成——向社会的行動の生起場面に着目して　筑波大学心理学研究，44，79-87．

丹羽智美（2002）．青年期における親への愛着が友人関係に及ぼす影響——環境移行期に着目して　名古屋大学大学院教育発達科学研究科紀要，49，135-143．

落合良行・伊藤裕子・齊藤誠一（2002）．青年の心理学　改訂版　ベーシック現代心理学4　有斐閣

落合良行・佐藤有耕（1996）．青年期における友達とのつきあい方の発達的変化　教育心理学研究，44，55-65．

大平健（1995）．やさしさの精神病理　岩波新書

大西将史（2008）．青年期における特性罪悪感の構造——罪悪感の概念整理と精神分析理論に依拠した新たな特性罪悪感尺度の作成　パーソナリティ研究，16，171-184．

岡田涼（2005）．友人関係への動機づけ尺度の作成および妥当性・信頼性の検討－自己決定理論の枠組みから　パーソナリティ研究，14，101-112．

岡田涼（2008）．親密な友人関係の形成・維持過程の動機づけモデルの構築　教育心理学研究　56，575-588．

岡田努（1993）．現代の大学生における「内省および友人関係のあり方」と「対人恐怖的心性」との関係　発達心理学研究，4，162-170．

岡田努（1995）．現代大学生の友人関係と自己像・友人像に関する考察　教育心理学研究，43，354-363．

岡田努（2002）．現代大学生の「ふれ合い恐怖的心性」と友人関係の関連についての考察　性格心理学研究，10，69-84．

岡田努（2007）．現代青年の友人関係と自己像・親友像についての発達的研究　金沢大学文学論集行動科学・哲学篇，27，17-34．

岡田努（2008）．ふれ合い恐怖と青年期の友人関係　岡田努・榎本博明（編）自己心理学5　パーソナリティ心理学へのアプローチ　金子書房　pp.112-129．

岡田努（2010）．青年期の友人関係と自己－現代青年の友人認知と自己の発達　世界思想社

太田直美・米澤好史（2012）．大学生の向社会的行動と友人関係及び自己像の形成との関連　和歌山大学教育学部教育実践総合センター紀要，22，29-39．

小塩真司（2007）．思春期・青年期を中心とした研究の動向　教育心理学年報，46，55-63．

尾関友佳子・原口雅浩・津田彰（1994）．大学生の心理的ストレス過程の共分散構造分析　健康心理学研究，7，20-36.

Ryan R. M., & Deci, E. L. (2000). Self-determination theory and the facilitation of intrinsic motivations, social development, and well-being. *American Psychologist*, 55, 66-78.

坂井玲奈（2006）．思いやりに関する研究の概観と展望――行動に表れない思いやりに注目する必要性の提唱　東京大学大学院教育学研究科紀要，45，143-148.

阪本健二（1976）．青年期と精神分裂病―― H.S.サリバンの青年期論をめぐって　笠原嘉・清水将之・伊藤克彦（編）青年の精神病理1　弘文堂　pp.131-154.

桜井茂男（1986）．児童における共感と向社会的行動の関係　教育心理学研究，34，342-346.

沢崎達夫（2006）．青年期女子におけるアサーションと攻撃性および自己受容との関係目白大学心理学研究，2，1-12.

Seyfarth, R. M. & Cheney, D. M. (2012). The Evolutionary Origins of Friendship. *Annual Review of Psychology*, 63, 153-177.

柴橋祐子（2004）．青年期の友人関係における「自己表明」と「他者の表明を望む気持ち」の心理的要因　教育心理学研究，52，12-23.

嶋信宏（1991）．大学生のソーシャルサポートネットワークの測定に関する一研究　教育心理学研究，39，440-447.

新村　出（2008）．広辞苑第6版卓上版　岩波書店

白井利明（2006）．現代青年のコミュニケーションからみた友人関係の特徴――変容確認法の開発に関する研究（Ⅲ）　大阪教育大学紀要．Ⅳ，教育科学，54，151-171.

Shomaker, L. B. & Furman, W. (2009). Parent-adolescent relationship qualities, internal working models, and styles as predictors of adolescents'observed interactions with friends *Journal of Social and Personal Relationships*, 26, 579-603.

杉浦健（2000）．2つの親和動機と対人的疎外感との関係――その発達的変化　教育心理学研究，48，352-360.

Sullivan, H. S. (1953). *The Interpersonal Theory of Psychiatry*. New York: Norton.（サリバン，H. S. 中井久夫・宮崎隆吉・高木敬三・鑪幹八郎（共訳）（1990.）精神医学は対人関係論である　みすず書房）

鈴木英一郎・小塩真司（2002）．対人的傷つきやすさ尺度作成の試み――信頼性・妥当性の検討　日本教育心理学会総会発表論文集，44，278.

高比良実詠子 (1998). 対人・達成領域別ライフイベント尺度 (大学生用) の作成と妥当性の検討　社会心理学研究, 14, 12-24.

高井範子 (1999). 対人関係性の視点による生き方態度の発達的研究　教育心理学研究, 47, 317-327.

田中健吾 (2009). ソーシャルサポートの衡平性とソーシャルスキルとの関連　大阪経大論集, 59, 187-193.

田中熊次郎 (1964). 実験集団心理　明治図書

谷冬彦 (1997). 青年期における自我同一性と対人恐怖的心性　教育心理学研究, 45, 254-262.

登張真稲 (2003). 青年期の共感性の発達――多次元的視点による検討　発達心理学研究, 14, 136-148.

Triandis, H. C. (1990). Theoretical concepts that are applicable to the analysis of ethnocentrism. In R. W. Brislin (Ed.), *Applied cross-cultural psychology*, Newbury Park, CA: Sage. pp. 34-55.

Triandis, H. C. (1995). *Individualism and Collectivism*. Boulder, CO: Westview Press. (トリアンディス, H. C. 神山貴弥・藤原武弘 (編訳) (2002). 個人主義と集団主義――2つのレンズを通して読み解く文化　北大路書房)

Triandis, H. C., Bontempo, R., Villareal, M. J., Asai, M. & Lucca, N. (1988). Individualism and collectivism: Cross-cultural perspectives on self-ingroup relationships. *Journal of Personality and Social Psychology*, 54, 323-338.

Trivers, R. L. (1971). The evolution of reciprocal altruism. *The Quarterly Review of Biology*, 46, 35-57.

辻大介・三上俊治 (2001). 大学生における携帯メール利用と友人関係――大学生アンケートの調査から　第18回情報通信学会大会個人研究配布資料　2001年6月17日〈http://www.d-tsuji.com/paper/r02/rsm_0106.pdf〉(2014年5月12日)

辻泉 (2006).「自由市場化」する友人関係――友人関係の総合的アプローチに向けて　岩田考・羽渕一代・菊池裕生・苫米地伸 (編) 若者達のコミュニケーション・サバイバル――親密さのゆくえ　pp. 17-29.

内田由紀子・北山忍 (2001). 思いやり尺度の作成と妥当性の検討　心理学研究, 72, 275-282.

渡辺大介 (2009). 幼児による自己と友人の認識に関する研究の動向と展望――友人選択や社会的比較の観点から　広島大学大学院教育学研究科紀要, 58, 231-238.

渡邉敏郎・Skrzypczak, P.・Snowden, P. (2003). 新和英大辞典第5版　研究社

p. 694.
山田和夫・安東恵美子・宮川京子・奥田良子（1987）．問題のある未熟な学生の親子関係からの研究（第2報）――ふれ合い恐怖（会食恐怖）の本質と家族研究　安田生命社会事業団研究助成論文集, **23**, 206-215.
山本晃（2010）．青年期のこころの発達――ブロスの青年期論とその展開　星和書店

付録1　気遣い行動分類表（複数回答）

大分類	小分類	項目内容	回答数	%
向社会的気遣い	友人への援助行動	友人が困っているようだったので、手を貸す	47	12.14
		友人が悩んでいるようだったので、話を聞く	23	5.94
		友人が何かいつもと様子が違ったので、声をかける	20	5.17
		友人が落ち込んでいるようだったので、励ます	17	4.39
		友人が困っているようだったので、助言をする	16	4.13
		友人が授業を休んだので、レポートなど出ている課題を教える	11	2.84
		友人が具合悪そうな時、介抱してあげる	11	2.84
		友人が悩んでいるようだったので、相談に乗る	9	2.33
		友人が落ち込んでいる時は、黙ってそばにいる	7	1.81
	物理的配慮	友人にお礼を伝える時、プレゼントを添える	6	1.55
		友人に対して悪いことをしてしまった時、お詫びの品をつけて謝る	4	1.03
		友人が自宅に遊びにきた時は、一生懸命もてなす	3	0.78
	友人への積極的な配慮	友人が嫌な思いをしている時、さりげなく友人にとって楽しそうな話題に変える	15	3.88
		友人が落ち込んでいるときは、別の話題にしてさらに落ち込まないようにする	7	1.81
	友人との食事	友人と食事をする時、友人の好みに合わせて自分のものを注文する	5	1.29
		友人と食事に行くとき、友人の分までご飯を取り分けてあげる	5	1.29
		友人と何かを食べている時、最後の1つになった食べ物は友人に譲ってあげる	2	0.52
		友人と食事をする時、自分の料理が先に来ても、友人の分が来るまで待つ	1	0.26
抑制的気遣い	同調	友人と遊ぶ約束をする時、自分の意見よりも友人の意見を優先する	21	5.43
		友人と意見が合わなくても、同調してあげる	17	4.39
		友人が大変な時、友人の分まで課題をやってあげる	11	2.84
		友人に八つ当たりされても、黙ってつきあってあげる	6	1.55
		友人がつまらない話しをしていても、つまらないと言わないで聞いてあげる	6	1.55
		友人がよく喋るときは、よくうなずいてあげる	3	0.78
		友人が同意を求めているようだったら、本心でなくても同意してあげる	3	0.78
	我慢	友人と意見が合わない時、何も言わないで我慢する	8	2.07
		友人から思いやりのない言葉をかけられた時、言い返そうと思っても我慢する	3	0.78

	自分の気分が落ち込んでいる時でも、友人にそれが伝わらないように明るく振る舞う	2	0.52
	友人から自分の好きなものを否定されたが、そのことを深く掘り下げないことにする	1	0.26
介入回避	友人が言われたくなさそうな事は言わないでおく	16	4.13
	友人が悩んでいる時、その内容に触れないでおく	13	3.36
	友人に言いたいことがある時、友人が気分を害するようなことは言わないでおく	13	3.36
	友人が落ち込んでいる時、友人から声をかけてくるまで声をかけないようにする	10	2.58
	友人から約束を破られても、文句は言わないでおく	6	1.55
	友人と会話する時、友人にとって不快になるようなことは言わないでおく	5	1.29
	友人と話している時、友人に助言したくなっても言わないでおく	4	1.03
	友人の好きなものに興味がなくても、興味がなさそうな態度はとらないでおく	2	0.52
	友人と話している時、友人を否定したくなっても言わないでおく	1	0.26
	友人が自分も親しくしている人の悪口を言っている時、それを否定しないでおく	1	0.26
友人の負担配慮	友人が忙しそうな時は、メールをしないでおく	3	0.78
	友人が忙しそうだったので、遊びに誘わないでおく	2	0.52
	その他	21	5.43
	合計	387	100.00

付録2　気遣った理由分類表（複数回答）

大分類	小分類	項目内容	回答数	%
利他的理由	規範意識	私が友人に気遣いをするのは、相手が友人だからである	17	4.68
		私が友人に気遣いをするのは、当たり前のことだからである	7	1.93
		私が友人に気遣いをするのは、親しき仲にも礼儀ありだからである	5	1.38
	友人のため	私が友人に気遣いをするのは、友人が困っているからである	21	5.79
		私が友人に気遣いをするのは、友人に元気になってもらいたいからである	45	12.40
		私が友人に気遣いをするのは、友人に負担がかからないようにするためである	39	10.74
		私が友人に気遣いをするのは、友人がそうしてほしいと思っているようだからである	17	4.68
		私が友人に気遣いをするのは、そうすることが友人のためになると思うからである	14	3.86
	友人防衛	私が友人に気遣いをするのは、友人に嫌な思いをさせないためである	34	9.37
		私が友人に気遣いをするのは、友人を傷つけないためである	28	7.71
防衛的理由	自己防衛	私が友人に気遣いをするのは、自分ならそうしてほしいからである	30	8.26
		私が友人に気遣いをするのは、図々しいと思われたくないからである	12	3.31
		私が友人に気遣いをするのは、友人から嫌われたくないからである	11	3.03
	状況依存	私が友人に気遣いをするのは、その場の空気を悪くしないためである	24	6.61
		私が友人に気遣いをするのは、後々面倒なことになるのを防ぐためである	21	5.79
		私が友人に気遣いをするのは、状況的に仕方なく、そうするしかないからである	11	3.03
		私が友人に気遣いをするのは、友人にそうするように頼まれるからである	3	0.83
		私が友人に気遣いをするのは、その時そうした行動しかできる自信がないからである	2	0.55
その他		その他	15	4.10
		特になし	7	1.93
		合計	363	100.00

付録3　友人関係尺度の項目（岡田努，1995に筆者が追加項目を作成）

1　一人の友達と特別親しくするよりはグループで仲良くする
2　お互いの領分にふみこまない
3　ウケるようなことをよくする
4　心を打ち明ける
5　周囲から取り残されている感じがする†
6　友達グループのためにならないことは決してしない
7　冗談を言って相手を笑わせる
8　自分を犠牲にしても相手につくす
9　お互いのプライバシーには入らない
10　楽しい雰囲気になるよう気をつかう
11　あまり人と話さない†
12　みんなで一緒にいることが多い
13　友達グループのメンバーからどう見られているか気になる
14　互いに傷つけないように気をつかう
15　相手の考えていることに気をつかう
16　お互いの約束は決してやぶらない
17　真剣な議論をすることがある
18　必要に応じて友人を頼りにする†
19　悩み事は友人に相談する†
20　友人から影響を受けている†
21　特定の友人とよく一緒に行動している†
22　いつも一人でいる†
23　相手に甘えすぎない
24　相手の言うことに口をはさまない
25　悩みなど相談できる人がいない†

†は筆者による追加項目。

付録4　友人関係への動機づけ尺度の項目（岡田涼, 2005）

1. 友人と話すのは、おもしろいから
2. 友人と一緒に時間を過ごすのは、重要なことだから
3. 友人がいないと、後で困るから
4. 一緒にいないと、友人が怒るから
5. 友人と一緒にいると、楽しい時間が多いから
6. 友人関係は、自分にとって意味のあるものだから
7. 友人がいないと不安だから
8. 親しくしていないと、友人ががっかりするから
9. 友人と一緒にいるのは楽しいから
10. 友人といることで、幸せになれるから
11. 友人がいないのは、恥ずかしいことだから
12. 友人関係を作っておくように、まわりから言われるから
13. 友人と親しくなるのは、うれしいことだから
14. 友人のことをよく知るのは、価値のあることだから
15. 友人とは親しくしておくべきだから
16. 友人の方から話しかけてくるから

付録5　コミュニケーション内容尺度の項目（第2章で作成）

1. 携帯電話（またはパソコンのskype等）の通話は、情報を知りたい時や、事務連絡に使う
2. 携帯電話（またはパソコンのskype等）の通話は、楽しい話をしたい時に使う
3. 携帯電話（またはパソコンのskype等）の通話は、悩み事を聞いてもらいたい時に使う
4. 携帯電話（またはパソコン）のメールは、情報を知りたい時や、事務連絡に使う
5. 携帯電話（またはパソコン）のメールは、楽しい話をしたい時に使う
6. 携帯電話（またはパソコン）のメールは、悩み事を聞いてもらいたい時に使う
7. ネット（mixiやtwitter、ブログ等）は、情報を知りたい時や、事務連絡に使う
8. ネット（mixiやtwitter、ブログ等）は、楽しい話をしたい時に使う
9. ネット（mixiやtwitter、ブログ等）は、悩み事を聞いてもらいたい時に使う
10. 人と対面しての会話は、事務連絡が多い
11. 人と対面しての会話は、楽しい話をすることが多い
12. 人と対面しての会話は、悩み事を話すことが多い

付録6　ストレス反応尺度の項目　（尾関他，1994）

1　悲しい気持ちだ
2　重苦しい圧迫感を感じる
3　不機嫌で、怒りっぽい
4　泣きたい気分だ
5　不安を感じる
6　怒りを感じる
7　さみしい気持ちだ
8　びくびくしている
9　憤まんがつのる
10　心が暗い
11　恐怖心をいだく
12　不愉快な気分だ
13　気分が落ち込み、沈む
14　気がかりである
15　いらいらする
16　頭の回転が鈍く、考えがまとまらない
17　他人に会うのがいやでわずらわしく感じられる
18　話しや行動にまとまりがない
19　話すことがいやでわずらわしく感じられる
20　根気がない
21　自分の殻に閉じこもる
22　行動に落ち着きがない
23　生きているのがいやだ
24　何も手につかない
25　人が信じられない
26　体が疲れやすい
27　呼吸が苦しくなる
28　体がだるい
29　動悸がする
30　脱力感がある
31　吐き気がする
32　動作が鈍い
33　胸部がしめつけられる感じがする
34　頭が重い
35　耳鳴りがする

付録7　友人への気遣い尺度の項目 （第3章で作成）

1. 友人が悩んでいるようだったので、話を聞く
2. 友人から思いやりのない言葉をかけられた時、言い返そうと思っても我慢する
3. 友人が落ち込んでいるようだったので、励ます
4. 友人から約束を破られても、文句は言わないでおく
5. 友人と会話する時、友人にとって不快になるようなことは言わないでおく
6. 友人が嫌な思いをしている時、さりげなく友人にとって楽しそうな話題に変える
7. 友人が授業を休んだので、レポートなど出ている課題を教える
8. 友人が自宅に遊びにきた時は、一生懸命もてなす
9. 友人がつまらない話しをしていても、つまらないと言わないで聞いてあげる
10. 友人から自分の好きなものを否定されたが、そのことを深く掘り下げないことにする
11. 友人が何かいつもと様子が違ったので、声をかける
12. 友人の好きなものに興味がなくても、興味がなさそうな態度はとらないでおく
13. 友人が困っているようだったので、助言をする
14. 友人が具合悪そうな時、介抱してあげる
15. 友人がよく喋るときは、よくうなずいてあげる
16. 友人と意見が合わなくても、同調してあげる
17. 友人が悩んでいるようだったので、相談に乗る
18. 友人が困っているようだったので、手を貸す
19. 友人が落ち込んでいる時は、黙ってそばにいる
20. 友人が自分も親しくしている人の悪口を言っている時、それを否定しないでおく
21. 友人が言われたくなさそうな事は言わないでおく
22. 友人と意見が合わない時、何も言わないで我慢する
23. 友人が同意を求めているようだったら、本心でなくても同意してあげる
24. 友人と話している時、友人を否定したくなっても言わないでおく
25. 友人に言いたいことがある時、友人が気分を害するようなことは言わないでおく

付録 8　気遣う理由尺度の項目（第 3 章で作成）

1. 私が友人に気遣いをするのは、相手が友人だからである
2. 私が友人に気遣いをするのは、自分ならそうしてほしいからである
3. 私が友人に気遣いをするのは、後々面倒なことになるのを防ぐためである
4. 私が友人に気遣いをするのは、友人がそうしてほしいと思っているようだからである
5. 私が友人に気遣いをするのは、親しき仲にも礼儀ありだからである
6. 私が友人に気遣いをするのは、状況的に仕方なく、そうするしかないからである
7. 私が友人に気遣いをするのは、友人に嫌な思いをさせないためである
8. 私が友人に気遣いをするのは、友人にそうするように頼まれるからである
9. 私が友人に気遣いをするのは、その場の空気を悪くしないためである
10. 私が友人に気遣いをするのは、友人が困っているからである
11. 私が友人に気遣いをするのは、友人に元気になってもらいたいからである
12. 私が友人に気遣いをするのは、その時そうした行動しかできる自信がないからである
13. 私が友人に気遣いをするのは、友人から嫌われたくないからである
14. 私が友人に気遣いをするのは、友人を傷つけないためである
15. 私が友人に気遣いをするのは、友人に負担がかからないようにするためである
16. 私が友人に気遣いをするのは、そうすることが友人のためになると思うからである
17. 私が友人に気遣いをするのは、図々しいと思われたくないからである
18. 私が友人に気遣いをするのは、当たり前のことだからである

付録9　個人主義と集団主義尺度の項目 (Triandis, 1995)

1. 私は人と話をするときは、直接的にずばりという方が好きだ
2. 私の幸福は、自分の周囲の人々の幸福に非常に左右される
3. 家族が喜んでくれるのであれば、たとえその行為が非常にいやでもやるであろう
4. 勝つことがすべてである
5. 人は他者と独立して自分の人生を歩むべきである
6. 自分の身に降りかかってくることは、自分自身で処理すべきである
7. 私はたいてい、自分が属する集団の利益のために私利私欲を犠牲にする
8. 他の人が自分よりうまくものごとを進めるとイライラする
9. 私にとって集団内の調和を維持することは重要である
10. 私にとって他の人よりうまく仕事をこなすことが重要である
11. ちょっとしたことでも身近な人々とそれを共有するのが好きである
12. 他者と競争するような状況下で働くのは楽しい
13. 年老いた親とはいっしょに家で暮らすべきである
14. いっしょに働く仲間の幸福は、私にとって重要である
15. 独自の存在であること、多くの点で他者と異なっていることは楽しい
16. もし血縁者が財政的に困るようなことがあれば、私の財力の範囲で手助けするであろう
17. 親が著名な賞を授かれば、子どもたちは光栄に思うであろう
18. 私はしばしば"自分のこと"を優先する
19. 競争は自然の法則である
20. もしいっしょに働いている仲間が賞を獲れば、私はそれを誇りに思うであろう
21. 私には私なりの独特な特徴がある
22. 私にとって喜びとは、他の人々と時間を過ごすことである
23. 他の人が私よりうまくやることがあれば、私はそれに触発される
24. 家族の賛成が得られなければ、自分が非常に楽しめる活動をも犠牲にするであろう
25. 私はプライバシーを大切にする
26. 競争なしによい社会を築くことはできない
27. 子どもには楽しみよりもまず義務を果たすことを教えるべきである
28. 他者と協力しているときは心地よく感じる
29. 私は同じ集団内の他者と言い争うのは嫌だ
30. 何事においても勝つことを強調する人々がいるが、私はそんな中の1人ではない
31. 大きな旅行をする前には、家族や多くの友人に相談する
32. 成功するとき、それはたいていの場合自分に能力があるからである

付録10　対人的傷つきやすさ尺度の項目（鈴木・小塩，2002）

1. 人から言われることに傷つくことが多い
2. 自分についてどんなことを言われても気にしない
3. 自分のことを悪く言われると、ひどく落ち込んでしまう
4. 自分の考えを否定されると心が傷つく
5. 他の人が自分のすることに批判的だと、落ち着かない
6. 自分の意見を批判されても平気である
7. 自分の意見が他の人に受け入れられないと、すぐに落ち込んでしまう
8. 自分の間違いを指摘されると自信をなくしてしまう
9. 自分の考えが否定されても落ち込むことはない
10. 何か提案する時、それが受け入れられないと悲しい気分になる

付録11　関係維持のための罪悪感因子の項目（大西，2008）

1. 相手の明らかな間違いでも、それを指摘することにすまないと感じる
2. 本当のことでも、それをあからさまに相手に伝えることに罪悪感を感じる
3. 全く正しいことなのに、相手にすまないと感じて言い出しにくいと思う
4. 相手に悪いと思って、誤りを指摘することにためらいを感じる
5. 怒って当然のことでも、いけないと思って相手にぶつけることを遠慮しがちである
6. 正しいことだと分かっていても、相手に悪いと思って言い出しにくい

付録12　青年期用多次元的共感性尺度の項目 （登張，2003）

1. 困っている人がいたら助けたい
2. この人は不安なのだなというように、人がどう感じているかに敏感な方だ
3. 心配のあまりパニックにおそわれている人を見るとなんとかしてあげたくなる
4. 小説を読むとき、登場人物の気持ちになりきってしまう
5. 悲しい体験をした人の話を聞くと、つらくなってしまう
6. 他人をいじめている人がいると、腹が立つ
7. 本を読むときは、主人公の気持ちを考えながら読む
8. 困っている人を見ても、それほどかわいそうと思わない
9. 友達の目からは物事がどう見えているのだろうと想像し、理解しようとする
10. いじめられている人を見ると、胸が痛くなる
11. ころんで大けがをした人を見ると、私はどうしていいか分からなくなって困ってしまう
12. 人から無視されている人のことが心配になる
13. 人が冷たくあしらわれているのを見ると、私は非常に腹が立つ
14. 急に何かが起こると、どうしていいかわからなくなる
15. まわりの人が感情的になっていると、どうしていいかわからなくなる
16. 誰かを批判するより前に、自分がその立場だったらどう思うか想像する
17. 泣いている人を見ると、私はどうしていいかわからなくなって困ってしまう
18. 友達がとても幸せな体験をしたことを知ったら、私まで嬉しくなる
19. けがをして痛そうにしている人を見ると、気持ちが悪くなる
20. 落ち込んでいる人がいたら、勇気づけてあげたい
21. ドラマや映画を見るとき自分も登場人物になった気持ちで見ることが多い
22. ニュースで災害にあった人などを見ると、同情してしまう
23. おもしろい物語や小説を読むと、そのようなことが自分に起こったらどのように感じるか想像する
24. すぐに助けてあげないといけない人を見たら、どうしていいか分からなくなる
25. 怒っている人がいたら、どうして怒っているのだろうと想像する
26. 私は身近な人が悲しんでいても、何も感じないことがある
27. 誰かに対し腹が立ったら、しばらくその人の立場に立ってみようとする
28. 体の不自由な人やお年寄りに何かしてあげたいと思う

付録13　ENDCOREs 尺度の項目　(藤本・大坊, 2007)

1. 自分の衝動や欲求を抑える
2. 自分の感情をうまくコントロールする
3. 善悪の判断に基づいて正しい行動を選択する
4. まわりの期待に応じた振る舞いをする
5. 自分の考えを言葉でうまく表現する
6. 自分の気持ちしぐさでうまく表現する
7. 自分の気持ちを表情でうまく表現する
8. 自分の感情や心理状態を正しく察してもらう
9. 相手の考えを発言から正しく読み取る
10. 相手の気持ちをしぐさから正しく読み取る
11. 相手の気持ちを表情から正しく読み取る
12. 相手の感情や心理状態を敏感に感じ取る
13. 会話の主導権を握って話を進める
14. まわりとは関係なく自分の意見や立場を明らかにする
15. 納得させるために相手の柔軟に対応して話を進める
16. 自分の主張を論理的に筋道を立てて説明する
17. 相手の意見や立場に共感する
18. 友好的な態度で相手に接する
19. 相手の意見をできるかぎり受け入れる
20. 相手の意見や立場を尊重する
21. 人間関係を第一に考えて行動する
22. 人間関係を良好な状態に維持できるように心がける
23. 意見の対立による不和に適切に対処する
24. 感情的な対立による不和に適切に対処する

付録14　対人ストレッサー尺度の項目（橋本，2005a）

1　あなたの落ち度を、友人にきちんと謝罪・フォローできなかった
2　友人に対して果たすべき責任を、あなたが十分果たせなかった
3　あなたの意見を友人が真剣に聞こうとしなかった
4　あなたのミスで友人に迷惑や心配をかけた
5　友人からけなされたり、軽蔑された
6　あなたのあからさまな本音や悪い部分が出ないように気を使った
7　友人にとってよけいなお世話かもしれないことをしてしまった
8　友人から絶交や関わりの拒否をほのめかされたり、提案された
9　友人に過度に頼ってしまった
10　友人が都合のいいようにあなたを利用した
11　その場を収めるために、本心を抑えて友人を立てた
12　友人に合わせるべきか、あなたの意見を主張すべきか迷った
13　あなたを信用していないような発言や態度をされた
14　友人の仕事や勉強、余暇のじゃまをしてしまった
15　友人の機嫌を損ねないように、会話や態度に気を使った
16　本当は指摘したい友人の問題点や欠点に目をつむった
17　友人を注意したら逆切れされた
18　本当は伝えたいあなたの悩みやお願いを、あえて口にしなかった

付録15　友人満足感尺度の項目　（加藤，2001）

1　その友人に受け入れられていると感じる
2　私はその友人ととても気持ちが通じ合っている
3　その友人は自分を本当に理解してくれる
4　その友人を心から親友と呼べる
5　その友人から好かれていると感じる
6　その友人は自分を支持してくれる

注）本論文では親友満足感として使用した。

付録16　友人関係の中間距離満足感尺度の項目　（第5章で作成）

1　その友人とは話しやすい
2　その友人と話している時は笑顔でいられる
3　その友人から不快な思いをさせられることはない
4　その友人とは適度な距離感を保てている
5　その友人と一緒にいて気まずくなることがない
6　その友人と頻繁に連絡を取らなくてすんでいる
7　その友人とは気軽に話せる
8　その友人とはお互いにプライバシーが尊重できている
9　その友人と一緒にいて対立することはない

謝　辞

　本論文は、平成27年度昭和女子大学博士論文出版助成を受けて刊行されるものです。

　本論文の作成にあたり、終始適切な助言を賜り、根気よく丁寧にご指導くださった今城周造教授に厚くお礼申し上げます。また、修士課程在籍中にご指導いただき、本論文のテーマである「気遣い」の研究のきっかけを作ってくださった三浦香苗先生に感謝いたします。

　この論文の副査を引き受けてくださいました、島谷まき子教授、藤崎春代教授、東洋大学大学院社会学研究科社会心理学専攻の堀毛一也教授にも、心から感謝申し上げます。論文を精査していただき、考察を深めるための貴重な助言をいただきましたこと、重ねてお礼申し上げます。

　また、調査にあたって、昭和女子大学人間社会学部心理学科の清水裕教授と松澤正子准教授、そして初等教育学科の石井正子准教授と岸田幸弘准教授には、大変お世話になりました。心よりお礼申し上げます。そして、学内の学生をはじめ、多くの大学生のご協力をいただきました。授業という貴重な時間の合間にご協力くださった皆様には、感謝の念にたえません。本当にありがとうございました。

　　平成27年9月

　　　　　　　　　　　　　　　　　　　　　　　　　　　満野　史子

著者紹介

満野　史子（みつの　ふみこ）

2007年	昭和女子大学人間社会学部心理学科卒業
2009年	昭和女子大学大学院生活機構研究科心理学専攻臨床心理学講座修士課程修了
2013年	昭和女子大学大学院生活機構研究科生活機構学専攻博士後期課程単位取得満期退学
2014年	博士（学術）
現　在	昭和女子大学生活心理研究所特別研究員 臨床心理士　学校心理士　精神保健福祉士

大学生の友人関係における気遣いの研究
――向社会的・抑制的気遣いの規定因と影響――

2015年11月30日　初版第1刷発行

　　　　　　　著　者　　満　野　史　子
　　　　　　　発行者　　風　間　敬　子

発行所　　株式会社　風　間　書　房
〒101-0051　東京都千代田区神田神保町1-34
電話 03(3291)5729　FAX 03(3291)5757
振替 00110-5-1853

印刷　太平印刷社　　製本　高地製本所

©2015　Fumiko Mitsuno　　　NDC 分類：140
ISBN978-4-7599-2108-3　　Printed in Japan
JCOPY 〈(社)出版者著作権管理機構　委託出版物〉

本書の無断複製は，著作権法上での例外を除き禁じられています。複製される場合はそのつど事前に(社)出版者著作権管理機構（電話 03-3513-6969，FAX 03-3513-6979，e-mail: info@jcopy.or.jp）の許諾を得てください。